EL EXTRAÑO MUNDO DE UN SER NORMAL

CUENTOS CORTOS   POESÍAS
ANÉCDOTAS

Por: Manuel V. Gómez

Registration number TXu 1-994849

ISBN: 970-0-692-08190-7

Ordering Information:
Quantity sales. Special discounts are available on quantity purchases by corporations, associations, and others. For details, contact the publisher at the address above.
Orders by U.S. trade bookstores and wholesalers. Please contact Manuel Gomez at lupe.manuel@outlook.com

Printed in the United States of America

RECONOCIMIENTO

Para mí fue un gran reto escribir este libro y tengo que dar muchas gracias a todos los que me alentaron y contribuyeron con el mismo: a mis padres por la educación y formación con la que me guiaron, a mis amigos Pedro y Felipe que siempre me animaron, a mis dos hijos, Manuel y Carlos, por el entusiasmo e interesa con que me apoyaron, a mi sobrino Oscar y a mi esposa que sin su colaboración nunca lo hubiese concluido y a todas las personas que de forma directa o indirecta me han estimulado en mi vida para alcanzar esta meta tan deseada.

Gracia al artista que diseño la portada del libro, un trabajo maravilloso reflejando el contenido del mismo, Alan Manuel Gonzalez.

Obra en portada y detalle de contraportada:
Alan Manuel Gonzalez. "El bunker donde habita mi alma" versión 1 2012
Serie: "Dichoso el hombre que soporta la prueba..." Santiago 1.12 No. 7
75 x 65 cm. Mixta(Acrílico)/Lienzo. Colección Privada.

EL EXTRAÑO MUNDO DE UN SER NORMAL
CUENTOS CORTOS

Autor: Manuel V. Gómez

Manuel Gómez nació, en 1946 en San José de las Lajas, Cuba. En la escuela "José de la Luz y Caballero" cursó la Primaria y Secundaria. Posteriormente con su familia se trasladó al pueblo "El Cotorro", continuando su educación en el Instituto #1 de La Habana. No pudo finalizar el Bachillerato en este plantel ya que fue expulsado por diferencias ideológicas con el gobierno. El sistema político establecido en el país lo forzó a pasar el Servicio Militar Obligatorio. Sus inclinaciones por la literatura comenzaron desde siendo muy joven; no pudiendo publicar sus escritos en su país debido al régimen imperante. Casi terminando la carrera de Ingeniería en Sistemas Automáticos se le presentó la oportunidad de emigrar hacia los Estados Unidos, residió en la ciudad de Los Ángeles, California trabajando en la compañía Data Products por siete años. Más tarde, se traslada a la ciudad de Miami, Florida con su familia y trabajó por veintiún años para Miami-Dade County hasta su jubilación. Está casado por veinticinco años con Guadalupe Gómez, con la cual tiene dos hijos.

Contenido

XD100

Hoy va a ser un día tranquilo en mi vida, es el comienzo de mis vacaciones la cual pienso disfrutarla al máximo ya a esta hora estoy levantado pero hoy no, me doy vueltas en la cama tratando de conciliar el sueño pero no puedo tantos años levantándome a la misma hora para ir al trabajo que mi reloj biológico me despierta sin piedad para que no se me olvide que soy un esclavo del tiempo.

Definitivamente no pude traer el sueño a mi cama así que decidí encender el televisor para entretenerme con algún programa interesante, están dando una noticia de última hora un reportaje en directo del Centro Astronómico los Sabios del Cosmos, son tres personas mayores con muy poco pelo como yo pero con caras de ser personas inteligentes, sus rostros reflejan una gran preocupación, un gran desosiego, el de más años tomo la palabra con voz muy temblorosa, empezó a hablar sobre la galaxia XD100 la cual hacia miles de años había explotado a una distancia inimaginable, que esa inmensa materia deforme muy peligrosa se dirigía hacia la VÍA LÁCTEA a la cual pertenece nuestro planeta, serán cientos de planetas que chocaran con la tierra y por si eso no fuera poco nos envolverá en una inmensa nube de gases toxico, es la destrucción total, preparemos para nuestro final ya que no tendremos ninguna oportunidad de continuar con la vida que conocemos hasta ahora.

Brinque de la cama que rayos estaba oyendo esto debe ser un programa para asustar a los miedosos cambié de canal y volví cambiar pero todos los canales estaban en cadena trasmitiendo desde el Centro Astronómico los Sabios del

Cosmos, estaban observando un gráfico del universo con miles de puntos y cientos de trayectorias que todas coincidían en nuestro sistema solar. Nos explicaron que XD100 había sido definido con este nombre que significaba:

X = impredecible.

D = destrucción total.

100 = Cien veces mayor que nuestra galaxia.

Como si eso no fuera suficiente para nuestra destrucción un inmenso agujeró negro está acelerando la velocidad del XD100 hacia nosotros así que de vida tendríamos unos meses o unas semanas porque a ciencia cierta ellos no sabían.

Apague la televisión, salí a la calle ya que no entendí lo del XD100 y mucho menos lo del agujero negro, buscando información me encontré con un grupo de personas que con la biblia en sus manos decían aquí está la respuesta es el ARMAGEDÓN acepta al señor y serás salvo.

Ellos no estaban solos había otros grupos, otras sextas religiosas con su verdad tratando de salvar las almas, ofreciendo su ayuda para alcanzar la vida eterna.

Llame a mi gran amigo por teléfono buscando su orientación contestándome con una voz muy nerviosa:

—Oistes las noticias, ya todo se acabó nuestro planeta se va a destruir no puedo seguir hablando contigo porque estoy en la iglesia en una interminable fila para confesar mis pecados hay miles de personas que quieren ponerse hoy al día con DIOS, ahora estoy tratando de recordarme de todos mis errores para que DIOS me perdone y así poder entrar en el paraíso, adiós y me colgó. Con la escasez de sacerdotes que hay ya me imagino cómo serán las largas filas así que decidí no ir a la iglesia, pensándolo bien quien confesara a los sacerdotes.

De repente la situación se volvió peligrosa ya que se estaban enfrentando con palos con piedras dos grupos luchando por su DIOS, por mi seguridad volví a mi casa no quería morir antes de tiempo.

Estaba nervioso pero ansioso de noticias, volví encender el televisor seleccionando el canal Los Astros y UD. En ese canal todo era positivo estaba hablando un hombre con cara de santo afirmándonos que nosotros no estábamos en peligro porque Neptuno estaba en la casa de Cáncer eso nos aseguraba que el XD100 no vendría a hacia nuestro planeta, eso me gusto y continúe viendo el programa, va haber una lluvia de estrellas, miles de estrellas pero legos en el infinito que algunas las veríamos otras no que escogiera una de ellas y le pidiera tres deseos.

Al momento ya tenía mis tres deseos SALUD, DINERO Y AMOR pero sin tomar una decisión cambie de canal buscando lo que más me convenía de cada teoría, vi dos canales más hablando del mismo tema pero no me convencieron entonces trate de organizar mis tres deseos y pensándolo bien tuve que hacer un cambio:

Mi primer deseo sería que no nos aplastara el XD100, este es el primero no cabe duda, ahora tratare de escoger los otros dos deseos que me falta;

Salud y dinero, suena bien pero sin amor no tiene sentido la vida.

Salud y amor, sería perfecto pero sin dinero no iría a ninguna parte.

Dinero y amor, puede ser aceptable pero sin salud sería un miserable.

Esto de los deseos no me convenció que complicada se está convirtiendo mi vida, problemas y más problemas para en un final tener varias opciones que no depende de mí, las voy a poner en mi mente en orden para que me ayuden a analizar la que voy a escoger.

Primero opción, ir a la iglesia en integrarme a la fila.

Segunda opción, abrazar la biblia y esperar el Armagedón.

Tercera opción, involucrarme en las luchas de sextas.

Cuarta opción, esperar que Neptuno este en la casa de Cáncer.

Quinta opción, caerme en el agujero negro.

Estoy viviendo una situación extremadamente difícil ya no como, ya no duermo ya no pienso, ya lo único que quiero es que me aplaste DX100.

LA HORMIGA Y YO

En una mañana hermosa, soleada y con una brisa que te refrescaba el rostro decidí sentarme en el patio al lado de mi gran árbol de framboyán el cual estaba florecido, majestuoso con su impactante colorido en el centro del patio, invitaba a la meditación al descanso. Así estuve unos minutos sin pensar en nada hasta que me llamo la atención una pequeña hormiga que con un esfuerzo descomunal y mucha dedicación cargaba sobre su espalda un pedazo de hoja hacia un destino el cual no me podía imaginar.

La naturaleza es fascinante y al mismo tiempo simple algo que siempre debemos contemplar a cada instante a cada momento ya que somos parte de ella como es el sol, la lluvia, el viento, las plantas y los animales. Nosotros los humanos o como animales pensantes si es que pensamos formamos parte del mismo, parte de este universo en el cual todos vivimos de distintas formas pero vivimos y que muy pocos de nosotros comprendemos por ignorancia o desconocimiento que para el análisis es lo mismo.

Así transcurría el tiempo mientras la hormiguita continuaba con su agotadora faena con sus movimientos nerviosos y rápidos que me tenían fascinado. El tiempo debe haber pasado más rápido de lo que yo pensaba ya que apareció mi esposa, a la cual adoro y pienso que también soy correspondido, ella me estaba observando detenidamente con cara de incertidumbre venciendo su desasosiego me pregunto:

— ¿Que estas observando con tanta abstracción de lo que te rodea?

— Estoy observando a una hormiguita cargando una hoja más grande que ella que me tiene desconcertado. En su rostro vi reflejado una gran duda como si algo andaba mal pero muy mal cuando yo me había ocupado de una hormiguita y su hoja, discreta como siempre se retiró pero antes de entrar a la casa dijo en voz muy baja:

—Mientras la observé no hare nada; si habla con la hormiga no tendré más remedio que llamar a un psiquiatra porque esto puede ser un síntoma de locura.

Un pajarito se posa en una rama muy cerca de nosotros, me miraba a mí y a la hormiga pensando de una forma que no deja de ser del reino animal pero al mismo tiempo muy sabia: Si me acerco a la hormiga para comérmela ese anormal que la está mirando con sus largos brazos y su cuerpo descomunal me atrapa, encerrándome en una jaula o me mata, me asesina así que tengo que esperar la oportunidad y actuar cuando él este distraído.

Entra al patio el lector del metro de electricidad nos saludamos pero no conversamos, el me observa detenidamente y se retira pensando de esta manera: este hombre parece una estatua contemplando a una hormiga y a un pajarito debe estar loco con su mirada grisácea perdido en sus pensamientos oscuros debe ser un asesino en potencia no me cabe la menor duda, tendré que informarle a los vecinos ya que este individúo es peligroso, todos son así todos parecen inocentes e indefensos pero son impredecibles y explosivos, hormiguita, pajarito esa será una buena cuartada para sus hechos violentos.

La hormiga pensaba mientras trataba de terminar su trabajo si a este individuo que no le interesa mi hoja decide matarme, aplastarme con un dedo estoy perdida porque la vida me creo tan indefensa pero esta es mi hoja y me la llevo para mi guarida para construir el refugio de mi familia ya que este monstruo humano no parece tener intensiones de asesinarme, que grande es la naturaleza.

Estando absorto en esta situación tan sencilla que de pronto apareció a mi lado el sicólogo de mi escuela secundaria, más viejo con sus espejuelos a media nariz que lo hacían ver más profesional, seguramente que mi esposa desesperada por mi inmovilidad lo llamo no espero a que yo hablara con la hormiga. El sicólogo como me conocía desde niño traía unas hojas de papel en blanco, yo no quería salirme de mi mundo en este momento pero el cogió una hoja escribiendo en el centro un signo de multiplicar diciéndome en forma neutral que escribiera algo relacionado con ese símbolo, yo por terminar rápido y por respeto a su persona escribí 2,4.16,........, lo miro escribió en otra hoja un signo de sumar me la dio, yo escribí 1+1=2. Se retiro entrando a la casa con los papeles y mi esposa, que perdedera de tiempo qué intromisión en mi vida con esa bobería de matemática, que retrasado mental ir a la universidad graduarse para después jugar conmigo con signos de aritmética

Hizo como un profesional de gran experiencia un análisis de mis respuestas: que en vez de escribir una multiplicación habría escrito una función exponencial y en la suma solamente había llegado a dos. En conclusión el (yo) en mi juventud había soñado con tener una familia muy numerosa con muchos hijos y nietos, en la realidad solamente había tenido dos hijos.

Es verdad doctor, dice mi esposa tenemos solamente dos hijos. Que ella corroborara el análisis del sicólogo como acertado por los dos hijos le daba valides a todo el análisis que vendrían a posterior.

El sicólogo da su diagnóstico: esta situación es muy delicada y se puede convertir en hechos muy complicados ya que él puede en momento de locura transitoria tratara de procrear más hijos y realizar sus sueños de juventud. Ud. Tiene que observarlo detenidamente en todos los cambios sexuales que el experimente por ejemplo: duración, frecuencia e intensidad, si hay un cambio en una de esas actividades o en el comportamiento diario debe llamarme inmediatamente para remitirlo a un psiquiatra para mantenerlo sedado previniendo que en un momento determinado se convierta en un depredador sexual.

Mientras tanto la hormiguita continuaba con su trabajo, ya yo me estaba cansado de tanta observación, de tanta lentitud cuando menos lo esperaba casi sin verla desapareció en un pequeño hueco con su hoja en frente de mis narices.

La hormiguita debe haber pensado:

¡Me salve!

El pájaro me miro pensando: por culpa de este anormal me he quedado sin comida y se fue tan rápido como llego.

Ya todo termino ya no hay hormiga ni pájaro pero mi vida si ha cambiado mucho y no para bien, ahora tengo el potencial que en futuro no muy lejano me pueda convertir si es que ya no soy en un anormal, loco, asesino, monstruo y hasta deparador sexual. Que frustrante es mi futuro cuantas complicaciones me he buscado por contemplar una hormiguita y su hoja.

ANTES Y DESPUÉS DE LA MUERTE

Entre todas las situaciones inverosímiles e inauditas que me han sucedido y las que he oído atreves de mi corta o larga vida; esta creo que es la más increíble que he vivido yo u otra persona. Nunca había hablado de ella porque nadie me hubiese creído hasta yo en algunos momentos he dudado de lo que sucedió aquel día.

Era un día como otro cualquiera tenía mucho trabajo como crítico de cine. Tener fama trae como consecuencia trabajar como un demente cuando se aspira a hacer un trabajo consiente y profesional. Criticar es muy fácil, todo en este mundo está lleno de errores hasta la naturaleza que es casi perfecta está plagada de imperfecciones que cambian cada milenios la faz de la tierra aunque se piense que es la transformación no es nada más que el desajuste de este mundo que tratamos de justificar con la palabra evolución.

Debido a mi fama, al prestigio ganado atreves de mis años de intenso trabajo que se conjugan en un poder casi infinito y nunca ignorado por los medios de prensa, los productores principiantes me enviaban sus cortos metrajes con la esperanza de aparecer en bien o en mal en mis escritos para así dar el primer paso hacia la farándula y con sus paparazis salir del triste anonimato.

Hoy estaba indispuesto con un catarro tan fuerte que me impedía ir a la oficina así que decidí ver una de las cintas recibidas para matar el tiempo, si es que tiempo se puede matar. Busque en el armario que estaba en el sótano de mi casa hallando un título que gusto “Antes y después de la muerte”; este me había llegado haces unos meses por correo no tenía productor ni director por eso me había olvidado de él pensando que se trataba de algún tema sobre espíritus, ritos satánicos o de misterios extraterrestres de los cuales ya estaba saturado pero como hoy era martes trece es el momento de verlo. Así que con cierto interés corrí la cinta y me concentre en lo que iba a ver.

Me quede como un tonto en la primera imagen, se me dilataron lo ojos, las orejas se me estiraron para no perder el más simple sonido, la boca y la nariz se me abrieron de forma descomunal tal parecía que lo que no podía captar con la vista o los oídos me iba entra por los sentidos del gusto o del olfato, solté el lápiz y la libreta de notas me puse a temblar como un niño, me sentí pequeño en mi sillón, el sillón en el cual siempre me había sentido cómodo y confortable ahora me quedaba extremadamente grande, el de repente había aumentado sus dimensiones o yo había reducidos la mías. Se estaba proyectando en un día claro un entierro, pero no era un entierro ajeno los que lloraban y estaban tristes a todos los conocía no porque fueran actores, no, era mi familia mis amigos estaba presenciando mi propio entierro

Empecé a sudar, a tener calor, a tener frio, mi esposa lloraba inconsolablemente pero estaba discreta toda vestida de negro con unos espejuelos de sol que le cubrían la mitad de la cara, hasta en estas circunstancia se vía bella y controlada por eso me había casado con ella porque nunca perdía la clase siempre se sentía superior aunque ella bien sabía que no lo era, mis hijos de seis y siete años tenían sus rostros tristes, desorientados, sorprendidos ellos los pobres entendían a medias lo que estaba sucediendo. Allí estaba ese reptil primo de mi esposa siempre enamorado de ella tratando de consolarla, ganando méritos en lo que sería mi último adiós, yo nunca lo soporte y ahora para más desgracia le dejaba el camino libre.

También se encontraban mucho actores, directores y productores de cine que ni se veían tristes o alegres, estaban en el entierro por sus compromisos sociales con el séptimo arte para que la prensa que casi toda estaba allí como si no hubiera otras noticias más importantes que cubrir escribieran sobre ellos dándole una promoción gratuita dado el alcance publicitario de mi muerte.

Ya bajaban el ataúd o la caja de muerto, no no…….no mi caja de muerto que es distinto, llego al final del hueco, con mucho esfuerzo logre abrí la tapa del ataúd y le dije al sepulturero:

—Déjame salir, yo estoy vivo y no quiero estar aquí, aquel hombre de mirada dura empujándome la cabeza hasta el fondo del ataúd como para no creerlo me contesto:

—Usted que cree que los que llegan aquí se quieren quedar, no se haga el listo déjeme terminar mi jornada de trabajo ya que Usted gracias a Dios es el último por el día de hoy.

—Pero es que yo estoy vivo replique.

—Como va estar vivo no ve esas flores, no ve esas caras de llanto usted está muerto y quizás estés muerto hace muchos años pero hasta instante a nadie se le había ocurrido enterarlo.

Era inútil seguir discutiendo con él, volvió a cerrar la tapa no porque tuviera razón sino por la fuerza de sus músculos, por las ansias de terminar su trabajo, que importante es el trabajo para este hombre que sin más ni menos me está enterrando vivo.

Siento algo extraño por mi labio, me estoy babeando no puedo hacer nada eso es por tener la boca abierta y así la tendré por largo tiempo si esta situación no cambia.

El cementerio vacío; todos los vivos muertos se han ido y el muerto vivo se ha quedado metido en este dichoso ataúd que me queda muy grande. Como tengo tiempo o mejor dicho necesidad de gastar el tiempo me pongo a trabajar en función de cómo voy a salir de aquí, hasta que por fin logro abrir la tapa de esta maldita caja saliendo de este apestoso hueco, ya al fin estoy libre contemplando el sol, sintiendo el viento; pero han pasado tres meses, que rápido pasa el tiempo para los vivos mientras que lento para los muertos, estoy flaco y sucio así que decido ir a mi casa para comenzar de nuevo. Estaba oscureciendo cuando llego tengo miedo, me asomo entre las matas del patio que sorpresa hoy es el cumpleaños de mi hijo menor, sinceramente se me había olvidado es lógico con tantos problemas quien va a pensar en cumpleaños, que contentos están todos, mi familia y los invitados con un gran pastel con siete velas, la música los hace vibrar con su inmensa alegría, mi esposa tan bella como siempre al lado de su primo pero muy al lado de su primo, casi juntos, casi uno. Se pica el pastel, la fiesta continua con una euforia que es mayor a las fiestas que yo había celebrado anteriormente.

El primo de mi esposa, el primo de mi viuda, con su cara de plato y con unos tragos de más dijo:

—Ya que estamos en familia, estos niños son como mis hijos así que tengo el honor de decirles que muy pronto me convertiré en su querido padre pues su madre y yo nos casaremos dentro de unas semanas

Mi hermano, mi único hermano se puso rojo de ira reclamando mis derechos y los que él había perdido diciendo:

—Si hace solamente tres meses que eres viuda y ese imbécil te dejo toda su fortuna para que ahora la disfrutes con esa cara de luna.

Yo no lo puse en el testamento porque no tenía, yo no pensaba morirme por eso le perdone lo de imbécil.

Lo votaron de la fiesta, se acabó la fiesta todos se fueron. Mi viuda y el primo de mi viuda se fueron a mi cuarto, se acostaron en mi cama, tiraron sus ropas en mi alfombra y él le dijo:

—Tú ex cuñado está disgustado porque no recibió nada de la herencia. No te preocupes él es tan insignificante como fue tú ex esposo, ahora solo importamos nosotros le había faltado algo que lo separaría del amor lo comprendió rectificando al momento y los niños. Sin preámbulos empezaron hacerse el amor mientras yo miraba con una gran impotencia desde la ventana, cuando estaban más excitados mi viuda me llama dijo mi nombre ya yo iba a saltar por la ventana cuando oigo:

—Perdóname fueron muchos años de matrimonio, muchos años juntos perdóname fue la fuerza de la costumbre tú en el amor en una noche eres superior a él en todas sus noches.

—No te preocupes yo te entiendo, te amo.

Me fui, llore toda la noche esa lagrimas lavaron mi cara por lo menos ahora estaba limpio. Me sentía tan mal que decidí volver al cementerio. Llegue a en el pleno día busque mi tumba la encontré con un letrero con mi nombre y tres letras E.P.D. quien va a descansar en paz en esta situación en esta condición tan extraña, de repente apareció el sepulturero lo vi más grande, más fuerte y bastante disgustado gritándome:

— ¿Usted que hace fuera de su tumba?

—Bueno yo salí, yo pensé que podía……..

—Pensar ni ocho cuartos usted está muerto así que deje de hacer tonterías vuelva a su tumba y no salga mas porque si no yo soy el que lo va a matar de por siempre.

Que fastidio hasta ya tengo un enemigo después de muerto, así que decidí dormir tres o cuatro meses, durmiendo estaba hasta que me entro la curiosidad de saber lo que estaba pasando en el mundo artístico, mi mundo. Aprovechando una oportunidad salí del cementerio dirigiéndome a los estudios fílmicos de mi compañía predilecta de la cual fui director de prensa por muchos años. Mi auxiliar principal estaba ocupando mi puesto, yo sabía que siempre se estuvo preparando para en la primera oportunidad sustituirme, trabajamos muchos años juntos pero él nunca pasaba de ser un mediocre aunque a decir verdad a mi lado había aprendido mucho. Con la experiencia de mi casa ahora solamente me asomo por las ventanas o huecos. Mi sustituto estaba hablando con su auxiliar como en mis buenos tiempos cuando yo hablaba con él.

—El me enseño algo casi un décimo de lo que se, fui mirándolo y aprendiendo de lo bueno que hacía y más de lo que no hacía, era el consejo normal para hacerse importante ya que yo no estaba.

—Era un gran hombre jefe.

—No al contrario cometía muchos errores pero nunca le dije nada porque era un autosuficiente ya que solamente lograba mantener su posición por los contactos que tenía, como era un chismoso empedernido sabia muchos secretos íntimos y no tan íntimos de los medios artísticos que manejaba mi bien en sus escritos banales en los periódicos de segunda clase, le tenían miedo, le tenían pánico por eso no me habían promovido a su puesto anteriormente ya que hacía tiempo me lo merecía.

—Así jefe que con la muerte de él quedo el puesto vacio y ahí usted lo agarro.

—No, no lo agarre lo alcance porque lo merecía, dejemos de hablar de ese hombre que en un final ya no existe y en vida no fue gran cosa.

Decidí ver por otra ventana ya que ese tarado mental con su falta de originalidad y mentiras me estaba sacando de mis cabales. Me asome al cuarto de mi actriz preferida, se estaba maquillando con su hermoso cuerpo completamente desnudo, que estampa más perfecta parecía una diosa de la mitología griega, habían pasado diez años de aquella noche inolvidable que fue mía, yo la conocí en un teatro de barrio de mala reputación sin gloria, sin luz convirtiéndola en una estrella famosa, la más cotizada en el medio artístico del momento. Sonó el timbre de la puerta con movimientos sexuales se vistió con una bata de casa que lucía mas desnuda e insinuante abrió la puerta, apareciendo mi gran amigo el gran productor, el gran director, un hombre extraño e inteligente, es un genio del cine, como el mismo se define sin modestia pero con originalidad, soy un homosexual genio o un genio homosexual da lo mismo es el mismo honor, que sincero que avanzado estaba para su tiempo.

—Hoy hace seis meses más o menos que murió el crítico dijo el genio.

—Seis meses que parecen seis años, yo siempre lo recordare por aquella mentira que cada vez que tenía una oportunidad decía:

—Yo la convertí en una estrella, el mundo se fijo en ella por mí. Que pobre de mente era como se engañaba a sí mismo, si yo nací siendo ya una estrella.

— De mí que te voy a decir, hablaba en su columna rosas de mi trabajo por los muchos regalos y que conste muy costosos que le hacía a él y a su antipática familia. Mucho dinero tuve que invertir para evitar sus crítica mordaz, siempre el muy estúpido aconsejándome que me casara para mejorar mi imagen, el muy asexual quería arreglar el universo con su desarreglo por eso no lo resistía.

Me fui que más iba esperar, volví al cementerio encontrándome con el diabólico sepulturero que estaba fuera de sus cabales y con ira que metía miedo.

—Te volviste a salir al mundo de los vivos pero como te voy a explicar qué estás muerto que ya no existes, quieres que te re asesine, que te re entierre si tú te mataste estando vivo, si viviste una viva sin sentido porque me quieres buscar un problema a mí que dependo de este trabajo y sin decir nada mas saco un lápiz y en un papel escribió tres letras y yo caí muerto por segunda vez.

FIN

Que descanso ya se acabó esa maldita película sin argumento, sin un tema convincente o educativo, cuando fui a quitar la cinta del proyector esta no existía, no estaba allí pero yo había visto no sé cómo "ANTES Y DESPUÉS DE LA MUERTE". No era una gran película, era casi nada bueno mi vida siempre ha sido una gran nada. Me asuste no estaba la cinta salí de mi casa corriendo y llegue al cementerio abrí mi tumba saque un esqueleto que me estaba robando mi espacio, me metí en la caja cerré la tapa y que sorpresa la mía había otro esqueleto más, lo mire era el rudo sepulturero de la misteriosa película.

—Ahora voy a estar aquí contigo para que no salga más al exterior, no espíes a los vivos para que no me des más dolores de cabeza en este campo santo que por naturaleza inspira paz.

— ¿Quién diablo tú te crees quién eres, la muerte?

—No yo soy la vida respondió el sepulturero.

Me desperté abruptamente, respire profundo ahora sí que estaba despierto, que clase de pesadilla era esta que tuvo hasta dos finales, tomé agua y me puse a analizar la película-sueño o el sueño-película y ahora no entiendo y mucho menos comprendo si estoy en este mismo instante viviendo ‘ANTES O DESPUÉS LA MUERTE’.

YA ERES NORMAL

Nací y crecí en un pequeño pueblo con olor a salitre muy cerca del mar, todo era tranquilidad la miseria nos hacía casi iguales, la riqueza no existía y en la medida de nuestras posibilidades éramos pobres pero increíblemente felices con ilusiones que nacían en nuestras cabezas para terminar en nuestros pies deformes y mal olientes.

¡Llego la revolución!

Un rio casi insignificante pasa cerca del pueblo para desembocar en el mar le llamábamos El Charco por su poca profundidad. La revolución construyo un puente peatonal eso fue una gran conquista cambiando nuestras vidas ya estábamos como las grandes ciudades, al nivel de la civilización ya El Charco tenía su puente gracias a la revolución.

Aquel día soleado me sentí libre y parado frente al puente quise hacer algo distinto que rompía todas las reglas que eran muchas de la iluminada revolución pasar el rio atraves de sus aguas y sin pensarlo porque si lo pienso no lo hago entre en sus aguas cristalinas con mis ideas libertarias y para sorpresa mía me encontré con un pez gordo y feo, con bigotes y ojos demasiado grande para su tamaño con su traje verde olivo y su pistola revolucionaria que me recriminó diciéndome:

— ¿Qué haces en mis aguas?

—Bueno yo voy a cruza el rio atreves de él y no por el puente, le conteste.

— ¿Porqué no vas por el puente que nos ha construido nuestra revolución redentora?

—No, yo quiero ser libre e ir por donde yo quiera por donde yo desee por donde mis pies me lleven a encontrar mi propio destino.

—Te vas a mojar.

—No importa.

Me miró fijamente con sus ojos llenos de ira y con voz amenazante me pregunto de forma impositiva como se trata a un demente;

— ¿Tu eres normal?

Se me pareció al jefe de la policía del pueblo un héroe nacional que entre sus hazañas se cuentan haber matado al pavo real por ser miembro de la monarquía, haciendo lo mismo con el león del circo por ser el rey de la selva, definitivamente no resistía a la realeza con su cara de imbécil y movimientos bruscos se parecían de tal forma como si fueran casi hermanos uno de tierra y el otro de rio.

—Claro que soy normal, le conteste.

—Yo soy revolucionario vigilante constante y siempre luchando por las leyes de la revolución se cumplan con puntos y comas, no te permitiré que pases por las aguas del rio, esa ley ha sido aprobada en asamblea popular por el 120 % de sus miembros.

— ¿Y desde cuando eres revolucionario? Le pregunte

—Desde que hicieron el puente desde que la revolución prohibió pescar aquí, ya no se permite que los niños diabólicos vengan a tirarnos piedras, palos, etc.; ni los hombre satánicos con sus anzuelos de muerte nos estén perturbando nuestras vidas, ya tenemos relaciones con nuestros parientes de agua salada, estamos tranquilos ya se desaparecieron los vende patria que fabricaban sus balsa para irse al país grande que comen pescado.

—Pero aquí nosotros comemos pescado.

—Pero no de aquí, la revolución ha convertido El Charco en un paraíso acuático y revolucionario, tú no entiendes porque tu perteneces a los impuros e imperfectos, me llamas pescado estando vivo o muerto, no tienes el concepto de la vida ni de la muerte, tú no eres revolucionario porque no sigues los mandamientos del pueblo, porque no cumples los lineamientos del partido,

— ¿Tú eres normal?

—Claro que soy normal lo único que quiero es disfrutar del sol, el agua y el viento, mojarme, secarme, me interrumpió.

—Si la revolución hizo este puente revolucionario es para que lo uses y no ensucies mis aguas limpias con tus pies apestosos, tú no eres revolucionario como yo lo soy, yo soy el presidente del Comité de Defensa de la Revolución "El Pescado Mártir" el cual fue asesinado con un anzuelo imperialista fabricado con la explotación de la clase trabajadora terminando en la barriga antiestética y sudorosa de un capitalista de hambre insaciable. Tú eres un gusano de la clase que nosotros no comemos llevas en tu cuerpo el virus de la inconformidad, devuélvete al puente revolucionario y cruza por el porqué por aquí no cruzaras ni de día y menos de noche.

Cuanto más me hablaba más se me parecía al teniente del pueblo, yo estaba ansioso por gritar decir lo que sentía ser libre, respirar sin miedo sin pensar que me iban a destruir o a desaparecer con mi estómago lleno o vacío en mi pensamiento de ser yo y no el de otros.

En eso de repente se apareció el famoso teniente y le pregunto al pescado:

— ¿Hay algún problema con el ciudadano?

En ese momento en ese instante no era compañero, amigo o hermano sino ciudadano, estaba en problemas era un contrarrevolucionario en potencia, era el enemigo en el paraíso de las caras tristes.

—No quiere cruzar por el puente sino atreves del rio que desacato a la revolución, porque nuestros líderes construyeron este puente para que todos cruzáramos por el, que bondad la de ellos y él la rechaza que desacato a la revolución será él un disidente o un desafecto.

Tuve miedo pero un gran miedo y antes de entrar en pánico, dije:

—No al contrario, ya me veía con un pie en la cárcel y el otro en el cementerio o con los dos pies en el hospital siquiátrico, tenía tanto terror que me quede sin saliva casi no podía respirar, me sentía tan indefenso que lo único que se me ocurrió decir:

—Yo soy revolucionario, me traicione a mí mismo tratando de mejorar mi autoestima, continúe:

—Ya no tengo que cruzar el puente, eso era un símbolo de rebeldía muy tenue que casi no se entendía del caminante que ya no tiene camino para que el muy imbécil teniente me dijera:

—Está bien compañero, ahora era compañero logre salir del problema, vuelve al pueblo que la revolución es generosa y te aceptara en su seno para que disfrutes de todo lo que ella te asigne, para que sea pueblo, trabajes como pueblo y mueras como pueblo y si eres un buen revolucionario una calle de tu pueblo llevara tu nombre todo gracias a la revolución. Y poniendo cara de patriota dijo con mucho énfasis: "Patria o Muerte Venceremos".

Controlando todas mis frustraciones, mis deseos de libertad, mis deseos de pensar de decir lo que quiero y cuando quiero todas esa necesidades tan humanas y elementales en la vida de una persona, las encere en mi baúl de las mentiras, la cubrí con el fantasma de mis libertades dando media vuelta para regresa a mi pueblo a seguir con mi vida de esclavo comiéndome mis viseras para no explotar de infelicidad, amargado para mi celda perpetua que yo mismo construí o la sociedad me la adjudico como herencia maldita del pasado. Cuando regresaba a mi calvario oí al pescado revolucionario gordo y feo decirme:

—Gracias a la revolución: “YA ERES NORMAL”.

NO ESTUVE EN EL TIEMPO

Tenía diecisiete años y estaba ansioso por contribuir en el desarrollo social de mi patria, de mi nación así que sin pensarlo mucho me enrole en el ejército. Me sentí realizado con mi pistola y mi traje de militar, como cambio mi vida las mujeres más bellas y quizás las más tontas se enloquecían con mi bello traje de militar victorioso aunque yo todavía no había participado ni en una escaramuza, se rendían a mis pies por mi uniforme sin pensar que cuando hacíamos el amor ya el uniforme no tenía ningún valor.

Cuando alcance los dieciocho años de edad fui promovido a primer teniente, eso lo alcance gracias a mi inteligencia y al esfuerzo de mis padres los cuales siempre estuvieron al tanto de mi educación y con la que fueron muy estrictos sin importarles nada lo que yo pensara, obviaron las peleas y disgustos que su actitud me acareaba y continuaron sus exigencia hasta que me gradué de bachillerado dos años antes de la edad requerida, al final le agradezco su crianza ya que por eso he alcanzado el grado de teniente a una edad muy temprana.

Siempre los padres quieren alcanzar con los hijos lo que ellos no pudieron lograr en sus vidas pero yo no podía complacerlos a los dos; mi madre quería que yo fuera médico para ayudar a los vivos y tratar de minimizar los muertos, mi padre añoraba que me convirtiera en un gran abogado para condenar a los culpable y salvar a los inocentes. Como en todas las familias, los parientes cercanos se creen con el derecho a opinar y con derecho o no opinan, así que mi tío por parte de madre me recomendaba que escogiera la mejor carrera del mundo, que luchara por ser político y que en ese campo tendría poder para influir en las decisiones del país, los pueblos son fácil de manipular en favor de tus intereses ya que son una masa amorfa y femenina las cuales bailaran al son de tú música que sería la de tus intereses, convenciéndolos con promesas no importa que se cumplan o no, eso te engrandecerá delante de sus ojos y me planteaba que los pueblos tienen menoría muy corta por lo tanto en ese campo siempre serás un triunfador.

Esos consejos no fueron a ninguna parte ya que me decidí por la carrera militar y en un orden ya creado participar en el poder para triunfar, siempre había el temor de que pudiera morir en una batalla pero eso me convertiría en un héroe, un mártir, obtendría un lugar en la historia defendiendo los ideales de mi país.

En ese tiempo nunca pensé como sería mi primer combate tendría miedo o sería un valiente, claro que sería un valiente ya que tengo mi pistola y mi traje de reglamento.

Llego la orden, llego el día, no iría como soldado a la guerra, no combatiría en el frente de batalla se me daba el mando del pelotón de fusilamiento en la cárcel de delitos políticos, en la que se encontraban las personas más peligrosos que luchaban contra mi patria porque eran los desafectos de nuestro sistema de nuestra ideología, los que están viviendo al lado tuyo, al lado mío, con los que compartimos nuestras escuelas, con los que jugamos en nuestras calles, los que fueron nuestros amigos hasta que se convirtieron en los enemigos de nuestra ideología.

Llego mi primer trabajo, un viejo que se oponía a nuestro sistema perpetuo sé veía fuerte y muy decidido cuando lo saque de la celda solamente me dijo:

—Tan joven y tan miserable.

Nada mas dijo eso, me impresiono, yo era joven pero no un miserable así que terminé mi primera orden al pie de la letra sin ningún error, fue un trabajo perfecto. La palabra fuego y el tiro de gracia, gracia de no sé que, se convirtió en mi en un ritual el cual practicaba como un cantante que practica sus canciones.

Todos los condenados no son valientes, a unos había que arrastrarlos luchar con ellos para amatarlos al palo de fusilamiento, a esos los despreciaba ya que me hacían sudar y se me estrujaba el uniforme me hacían el trabajo más largo y sin ningún reconocimiento.

Siempre recuerdo aquella mujer bella y muy hermosa, tal como puede ser la luna llena, que bien se hubiera visto en mi cama acariciando mi cuerpo pero a ella seguro que no le gustaba mi traje, antes de darle el tiro de gracia tuve el deseo de darle un beso pero eso no estaba permitido.

Un día que era feriado, nosotros no teníamos días feriados porque trabajábamos todo el tiempo, me toco un joven contemporáneo casi de mi misma edad de unos veinte años fuerte y decidido cuando lo amarramos al muro me clavo su vista sin miedo y desafiándome me dijo:

—Yo soy inocente y es triste que un inocente muera en las manos de un hijo de puta como tú.

Para que discutir si las leyes lo habían condenado, pero su rostro no se me olvido me quedo grabado en mi memoria como mi primera noche de amor con aquella prostituta que me vendió su cuerpo a mitad de precio porque la clientela estaba en baja en ese momento, aunque yo la disfruté y me sacie como si la hubiese pagado con doblones de oro.

Me ascendieron a capitán por mis buenos servicios y ya que el trabajo había aumentado considerablemente, había días de ajusticiar a cinco o seis personas. Esos traidores pedían libertad pero no los comprendía, si la libertad estaba a nuestro lado, la justicia era nuestra meta, la igualdad nuestra ideología.

Después de unos meses muy activos entramos en una temporada de relativa calma, en el mes de Marzo solo hubo nueve ajusticiamientos, debido a que aparecieron otras fuerzas del orden que mataban y torturaban sin tomar en cuenta las leyes, pero esos no estaban fuera de la ley, eran miembros de mi gobierno con obligaciones distintas a las mía pero con el mismo resultado.

En aquella noche me sentí mal despertándome con un sobresalto en el estómago y con un gran deseo de salir del cuarto, como no tenía a donde ir me dirigí hacia el muro donde por tanto tiempo había comandado el pelotón de fusilamiento. El muro estaba negro y manchado de sangre era un lugar siniestro, como no me di cuenta de esa realidad tan palpable antes mi vista, en ese mismo instante apareció aquel joven que sin miedo me dijo que yo era un hijo de puta me miro desafiante y me dijo:

—Eres culpable y estas aquí para pagar por tus crímenes.

Oí la palabra fuego con una fuerza descomunal liberando cientos de balas que no existían, que rompieron mi traje y dañaron mi cuerpo. Ahora era el que sonreía con una sed de justicia que no era la mía.

—Ahora me toca a mí darte el tiro de gracia.

La ansiedad me puso temblar, por mi mente pasaron en secuencia rápida todos los tiros de gracia en que había estado envuelto, apareció el viejo y la mujer hermosa disfrutando de mi impotencia y ahora este imbécil que había resucitado de no sé dónde iba acabar con mi vida, iba a manchar mi uniforme con mi propia sangre. Todo era un delirio todo era una locura, me revolqué en la tierra llorando lágrimas de desesperación, me sentí sucio, sudoroso y cuando el agotamiento me iba a vencer desperté de esa pesadilla ridícula en que mis muertos me llamaban, que tontería son estas tenía mi pistola apuntándome a la sien, volvió aparecer el joven sin miedo, y me dijo:

—Eres culpable y vas a morir, le respondí:

—No, yo voy a vivir por muchos años para continuar cumpliendo con mi deber pero ya era demasiado tarde mi dedo tiro del gatillo y en mi ejecución yo no pude decir fuego, dándome yo mismo mi tiro de gracia, simplemente no estuve en el tiempo.

EL JUICIO FINAL

Cuando me desperté me encontraba en un edificio inmenso de magnitudes impensables y a su vez hermoso, discreto que emanaba una paz que nunca había experimentado. Estaba solo, completamente solo como si no existiera más nadie en este mundo, me empecé a sentir desorientado no sé qué tiempo había estado en este lugar cuando el miedo llego a mi mente, me puse a temblar y en ese instante en el cual ya estaba a punto de gritar se apareció SAN PEDRO con su aire celestial, que sorpresa para mí yo con SAN PEDRO eso significaba que estaba en el PARAÍSO que alegría yo en el PARAÍSO, mi vida no era un ejemplo de nada ni tan siquiera de una caricatura de bondad o humildad pero estaba en el PARAÍSO.

SAN PEDRO me pregunto:

—¿Cómo llegaste hasta aquí?

No sabía que iba a contestarle estaba tan excitado, en un estado de soñolencia o quizás demasiado despierto pero él con su mirada bondadosa me calmo y le respondí:

—Yo salí de mi casa a comprar unos cigarrillos y antes de llegar a la bodega todo a mi alrededor se volvió oscuro y ahora estoy aquí hablando con Ud.

—Así que fuma, que comportamiento tan dañino para su salud pero definitivamente ese vicio de forma directa no te causo la muerte pero de forma indirecta fue la causante.

Ahora si entendía el momento que estaba viviendo, estaba muerto en la tierra pero vivo en el PARAÍSO, ALELUYA mil veces ALELUYA.

SAN PEDRO tenía dudas de mi estancia aquí así que me pregunto;

—¿De dónde eres cuéntame algo de tu vida por ejemplo: ideas política, sociales y religiosas con las que ha vivido?

—Bueno yo soy cubano, con que orgullo lo dije pero a él no le causo ningún asombro como si le hubiese dicho que era un marciano, he sido de todo un poco: anarquista, socialista, revolucionario, católico, protestante, refugiado político, emigrante y ahora ciudadano norteamericano, casi se me olvida decirle que en mi juventud jugué pelota.

—Todo en su vivir denota una inestabilidad, una falta de rumbo y para colmo se aparece en el PARAÍSO sin cumplir con su *timeland.*

No entiendo el significado de *timeland* ya que no es una palabra del griego o latín, supongo que es una palabra de la lengua inglesa la cual yo no hablo correctamente, bueno yo tampoco hablo griego ni latín. Hubo un momento de silencio y el continuo explicándome el significado de la palabra *timeland* es el tiempo que a Ud. debía haber vivido en el planeta Tierra el cual no ha cumplido todavía. Después de esa explicación entendí más o menos que yo estaba muerto en la tierra y que no estaba vivo en el paraíso. SAN PEDRO tomo su decisión:

—Yo no puedo aceptarte en esta dimensión porque no has cumplido con tu *timeland* en la tierra así que decido retornarte a tu planeta como vivo y como muerto, en esa condición participaras en todo lo que sucede a tu alrededor pero tus opiniones serán o no serán tomadas en cuentas, estarás en una condición en la que existes o no existe, hablaras, te oirán o no te oirán, no necesitaras nada de los vivos ni de los muertos no tendrás deseos ni apetito, en ese estado esperaras a que seas llamado a esta dimensión nuevamente cuando hayas cumplido con tu *timeland* para entonces juzgarte situándote en el infinito del tiempo: en el infierno o en el paraíso.

En un abrir y cerrar de ojos a la velocidad de luz me encontraba en mi querida y añorada casa la cual me había costado mucho trabajo obtener, se encontraba desierta y sombría se sentía triste en un silencio fantasmal. Mis padres, esposa e hijos no estaban todo estaba desorganizado era un caos total, los documentos más importantes como la propiedad de la casa, del cementerio, el seguro de vida, mi chequera de banco brillaban por su ausencia que habrá pasado, me asomo al portal buscando alguna respuesta cuando se me acerca a mí el borracho del pueblo Juan Botella, que clase de personaje y me dice:

—Que haces que no estás en tu velorio toda tú familia y la mitad del pueblo están llorando por tu asesinato y tú comiendo mierda aquí.

— ¿Me asesinaron pero como sucedió eso?

—Bueno según se dice fuiste a comprar cigarros y te dieron con un bate de pelota por detrás de la cabeza, te volaron el cerebro el cual no ha aparecido así que no se sabe a ciencia cierta si tenías o no.

Borracho al fin sin decir más nada se fue no me gusto lo que dijo de mi cerebro. Por lo que el infeliz me explico yo estaba en la funeraria del pueblo, hacia allí me dirigí estaba llena con mis familiares y mis amigos. Que bellas estaban las flores estaban en todos partes del local, mis familiares tristes, llorando, riéndose histéricamente, cansados y yo en el medio del salón en un bello ataúd de caoba con mi traje gris y mi corbata roja, esplendido lucia atractivo estaba tan maquillado que ahora si estaba hermoso de verdad, que tipazo de hombre era y yo no me había enterado. Al paso de las horas me trasladaron al cementerio si no hubiese sido por el llanto de mis familiares todo hubiese sido bello, pero bello de verdad.

Así pasaron los días, las semanas en la que mis familiares continuaron sus respectivas vidas sin mí, en la que mi presencia fue disminuyendo día tras día hasta convertirse en un querido recuerdo pero recuerdo nada más

El juez fijó la fecha del juicio y todo cambio en mi hogar mis familiares se volvieron más activos pidiendo justicia para ellos, para mí, para la sociedad, en estos momentos a mi no me importaba la sociedad.

El juicio empezó con una monotonía normal, el juez, el jurado, los abogados, el acusado, mis familiares y yo en mi situación de estar y no estar.

El fiscal convencido de que tenía un caso fácil y ganado tomo el estrado planteando que yo había sido un gran hombre, buen trabajador, excelente padre y esposo, increíble hijo, un modelo a seguir para la sociedad, no era para tanto pero sonaba bien me sentí orgulloso de mi de quien era o había sido, que el asesino es un desecho de la humanidad que por ganarse unos pesos no lo pensó dos veces para cegar una vida tan productiva, mi vida, de una forma brutal, premeditada con ensañamiento pegándole un golpe mortal por detrás de la cabeza con un viejo bate de pelota a las siete de la noche cuando la victima se dirigía a la bodega más cercana de su casa por lo cual basado en las evidencias presentados pido la pena máxima para el acusado.

Mientras eso sucedía el acusado miraba a la sala con una cara de sufrimiento y de arrepentimiento que daban ganas de llorar.

Yo estaba contento me sentía feliz se iba a hacer justicia en mi asesinato. Que contradicción los miembros del jurado al ver mi expresión de felicidad me consideraron un sádico un anti-vida.

La defensa de ese malvado se fijó en mí y dada mi condición de estar o no estar accedí a que me interrogara, este es el primer caso en la historia que una víctima que no pertenece al mundo de los vivos puede declarar en un juicio. Empezó mi interrogatorio:

— ¿Que hacia Ud. a altas horas de la noche fuera de su casa en el medio de la calle?

Pero si eran las siete de la noche, pensé

—Yo fui a comprar cigarros a una cuadra de mi casa.

—Entonces Ud. es un fumador sabe Ud. cuanto les cuesta a los contribuyentes, a los que pagan impuestos, a los que trabajan las enfermedades del tabaquismo.

—No, no sé.

—Pues les cuesta millones de pesos su vicio e irresponsabilidad. Dije algo pero no me oyeron y yo tampoco supe lo que dije.

—¿Porque Ud. decidió dejar a su familia sola a altas hora de la noche indefensa y sin su protección?

—Si eran las siete de la noche, de que está hablando este leguleyo.

—Ud. es un adicto que para satisfacer sus vicios puso en riesgo a sus seres queridos dejándolos sin protección. ¿Y qué hace Ud. aquí?

—Bueno yo estoy aquí por el *timeland.*

—Que palabra es esa, esa palabra no existe explique:

—Esa palabra tiene un significado muy complejo, yo fui llamado al cielo pero no estaba en mi tiempo. ¿Comprende?.

—Que sandeces son esas, me quiere confundir que descaro señor juez ya no puedo seguir interrogando a este vicioso porque en sus respuestas no hay nada positivo que nos ayude a esclarecer este proceso. Quisiera ahora si su señoría me lo permite interrogar a mi defendido.

—Autorizado.

—Acusado por favor háblenos un poco de su vida.

—Mi vida ha sido una continuación de sufrimientos desde el mismo instante que nací, ya que nací desnudo.

—Que barbaridad esta infeliz criatura nació sin ropa, continué dijo la defensa.

—Protesto recrimino el fiscal, todos nacemos sin ropa.

—Aceptada la protesta, que continúe con su declaración el acusado.

—Mis padres peleaban en todo momento, mi padre me pegaba con un bate de pelota por todo lo malo o bueno que yo hacía.

—Yo jugué pelota dije pero nadie me oyó.

—Entonces Ud. creció en un ambiente de violencia familiar con un marcado abuso físico. Continúe:

—Si, nunca me llevaron a un chequeo médico, nunca fui a la escuela no me ensenaron ni moral ni mucho menos religión

—Que triste es oír a este hombre y pensar que la sociedad, nuestra sociedad no hizo nada por educarlo. Continúe:

—Aquella noche sin saber lo que hacía sucedió lo que paso.

—Entonces Ud. no sabía lo que hacía, comprensible dado a su sufrimiento y a su constante agonía. Continúe:

—Tenía hambre y los pies dormidos así que salí a dar una vuelta con mi viejo bate de pelota e iba golpeando las piedrecitas con mi único juguete que tuve de niño y de adulto, cuando de repente se apareció este señor interponiéndose entre el bate y una piedrecita y sin querer lo golpee, eso me recordó como mi padre me pegaba cuando niño sentí miedo y salí corriendo perseguido por el espíritu de mi padre ahora por eso estoy aquí.

El fiscal presenta sus conclusiones:

—Señor juez, no voy a seguir con planteamientos ilógicos como la defensa tratando de desvirtuar el caso, estamos en presencia de un asesino y si la justicia no toma medidas estos hechos se podrán repetir con otro ciudadano por lo tanto pida la pena máxima para el acusado.

El abogado de la defensa presenta sus conclusiones:

—Que triste parte el alma la trayectoria de este pobre acusado. Señor juez, satisfactoriamente todo ha sido aclarado y la inocencia de mi defendido ha sido demostrado y hay punto legal que nos apoya no apareció el cerebro, si el individuo no tenía cerebro no era persona, por lo tanto aquí expuesto pido la libertad para mi defendido.

Mis familiares entraron en cólera, gritaron, patearon y fueron expulsados de la sala, que agresivos se veían sus rostros. La prensa publico fotos de mi madre con los ojos inmensamente abiertos, mi esposa con el puño cerrado amenazante, mi hija gritando justicia la verdad parecían personas fuera de control con ansias de venganza.

Mientras esperábamos el veredicto del juez se me apareció un ángel y me dijo:

—Ya tu *timeland* se cumplió en este instante así que te voy a llevar a tu último destino, no tuve tiempo de decir ni una palabra ahora estoy aquí en la antesala del mismo edificio que había estado anteriormente esperando mi juicio final.

EL GENIO

Aquel matrimonio en sus veinte años esperaba su primer hijo. Ya los médicos le habían informado que sería varón, el sexo no le interesaba mucho a ellos lo único por lo que rogaban a DIOS es que fuera una criatura saludable como padres normales que eran.

El alumbramiento tuvo lugar a la una de la mañana en vez de llegar al mundo de día llego de noche, los médicos estaban cansados, los familiares cansados y contentos, la madre cansada, contenta y adolorida. El nacimiento fue normal como todo niño abrió la boca comenzado a llorar.

El ginecólogo la encontró hermoso peso nueve libras y midió veintiuna pulgadas, felicito a la madre informándole que sería un hombre alto y fuerte.

Todo estaba trascurriendo de forma tradicional hasta que lo llevaron a los rayos ultravioletas para normalizarle el color, cuando trataron de introducirlo debajo de la luz este abriendo la boca le dijo a la enfermera:

—Me vas a torturar.

Los empleados de la sala corrieron a socorrer a la enfermera, la pobre se encontraba sobre el piso desmayada no fue fácil volverla en sí, cuando al fin la trajeron de regreso a este mundo conto lo que había sucedido pero nadie le creyó, desviaron la atención hacia el niño el cual estaba de lo más contento con sus grandes ojos negro y su sonrisa sin dientes, que hermosa es la sonrisa de un niño sin dientes y que horrible es la sonrisa de un viejo sin dientes, la jefa de enfermera le preparo un pomito de leche, lo miro pensando que hermoso estaba y cuando trato de darle la leche el niño le dijo:

—No me gusta la leche.

Eso se oyó en toda la sala, el revuelo que se formo fue grande, la enfermera estaba tan nerviosa que se tomó el pomo de leche, aparecieron más médicos, más enfermeras llegando el director del hospital con muchas preguntas con respuestas que no quería entender, todos ellos no sabían qué hacer estaban alrededor del niño mirándolo incrédulos y asombrados, unos creían otros no, el niño mirando a su alrededor como si nada pasara llamo a su madre:

—Mama tengo hambre.

Era una realidad ese pequeña criatura nació con el poder del habla todos pensaban en un milagro.

Fueron a buscar a la madre, explicándole que situación tan extraña por la que estaban pasando, la madre fue llevada en una camilla todo adolorida, contenta y un poco consternada por lo que le habían contado. Pero para algo era madre, con una ternura inmensa cargo el niño y trato de darle el pecho, el niño cuando vio aquella teta llena de leche que le pareció inmensa, tal parecía que lo querían hogar y dijo:

—Quiero pizza.

Una gran publicidad para las pizzas ya que en ese momento había llegado la prensa, los religiosos, el FBI, la CIA, los espiritistas, con ese tumulto de gentes también llegaron los abuelos del niño, los médicos bastantes confundidos y acongojados por el hambre del criatura le trajeron una pizza la cual sin dientes se la comió con una gran satisfacción. Al segundo día de su nacimiento recibió de regalo desde Italia una veintena de pizzas, era el acontecimiento de la semana, del mes, opaco las demás noticias ayudado por una promoción de las ya famosas pizzas, el bebe que habla y come pizza.

El gobierno estimo que este bebe era y debía ser un secreto de estado, como un arma que podía ser robada para llevarla a otro país, cuando le dieron de alta del hospital alojo a la feliz familia en una mansión, llena de pediatras, sicólogos, maestros con un gran despliegue de extrema seguridad. El padre que era un chofer de carros de alquiler y la madre que trabajaba en los archivos de una compañía metiendo papeles en las gavetas renunciaron a sus trabajos para estar con el niño, cuidándolo y hablando con él. Había que ponerle un nombre a la criatura, el padre por tradición quería que se llamara José, el gobierno se opuso encomendándoles a los científicos buscarle un nombre y ellos estuvieron de acuerdo en llamarle ELGENIO por su capacidad mental, por su inteligencia, la familia no tuvo otra opción y le llamaron Elgenio José de la Concepción García pero ellos en familia lo llamaban Papo.

En sus primeros meses de vida camino, corrió, estudiando sin mucho esfuerzo ya a los quince años tenía tres doctorados: en medicina, leyes y economía. Sus conocimientos en la rama del saber eran muy bastos pero él tenía una inclinación marcada hacia la política, hacia la justicia social y eso lo llevo a fundar un partido político para luchar contra la injusticia, el cual llamo Partido Democrático Nacionalista Mundial, el PDNM. Su plataforma ideológica era muy simple, luchaba por la igualdad y la fraternidad de toda la humanidad. Querían barrer de este mundo el hambre, la miseria, el racismo todo aquello que fuera negativo o dañino a nuestra existencia. Pensando en un gobierno mundial, en una sola nación en nuestro planeta para que de una forma justa y sincera triunfara el bienestar de todos los ciudadanos que nos llamaríamos terrícolas.

Esas ideas la abrazaron muchos seguidores, hombres y mujeres que siempre habían pensado en un cambio, trabajadores que lo único que tenían era su trabajo y sus ansias de salir adelante ellos con su familias pero también le trajo muchos enemigos, los gobernantes y todos los que los acompañaban que se iban a quedar sin gobierno, los explotadores que se iban a quedar sin sus explotados, grupos con mucho poder se unieron para combatirlo lo convirtieron en un individuo anti nación despertaron los sentimientos más oscuro de las masas, lo tildaron de anormal ya que no se parecía a ninguno de nosotros. Entraron en pánico decidiendo eliminarlo lo más rápido posible ya que era un peligro eminente y catastrófico para sus mezquinos intereses.

Mientras tanto ELGENIO, que para algo era genio entendió que la situación no le favorecía que sus adversarios fueran muy traicioneros con un medio de vida que no estaban dispuestos a perderlo y menos a minimizarlo. Así que con mucha velocidad e inteligencia construyo en el patio de su casa una gran nave espacial, reunió a su familia partiendo hacia el exilio a un planeta desconocido para salvarse de sus enemigos que eran muy poderosos y sanguinarios dejando una escueta nota sobre su escritorio que decía:

Yo trate de unirlos, lo que consigue fue odio
yo trate de salvarlos, llame a mi muerte
por eso me voy
porque Uds. son hijos del diablo
para Uds. no existe Dios.

A EXTRAÑA VIDA DE UN SER DEL FUTURO

Hoy cumplo doscientos cincuenta años, mi familia lo están celebrando con gran júbilo acompañados por muchos miembros de la comunidad, es noticia soy la persona más longeva de mi planeta en el siglo XLI. He recibido felicitaciones de todo el universo, no se han olvidado de mí ni las empresas que han contribuido a esta larga vida. Mi vida ahora no se asemeja en nada a los primeros años de mi existencia, mi cuerpo se ha transformado de tal forma de tal marera que en estos momentos soy yo con una serie de componentes ajenos a mi naturaleza física de humano, todos estos cambios están registrados en mi historial clínico del cual le hablare de los más relevantes que he tenido. Cuando tenía ciento veinte años me removieron el corazón instalándome un corazón automático el cual desde que fue instalado continua trabajando a la perfección, lo mismo ha sucedido con mi hígado, páncreas, riñones y hasta mis pulmones los cuales tengo nuevos gracias a la compañía Órganos, S. A. que ha creado unos órganos de excelente calidad. Muchas de mis venas, arteria y músculos han sido remplazadas con productos muy sofisticados comprados en la tienda La Vida Eterna distribuidores de la compañía Venamus, S. A. Mi celebro se mantiene funcionando gracias a una solución acuosa donde reposa y es alimentado dos veces al día con píldoras de oxigeno, mas adelante les hablare porque ya no se remplaza el celebro. Todo mi cuerpo obtiene la energía de unas celdas voltaicas que tengo instalado en mi pelo plástico. Ya las partes de mi cuerpo las puedo encontrar en muchas tiendas al menudeo y gracias a la tecnología hasta yo mismo me las puedo cambiar.

Mi familia ha aumentado significativamente no solo por el lado genético sino por la parte técnica, ahora somos hermanos porque compartimos la misma marca de corazón, riñón, etc. o sea somos familiares tecnológicos herederos del desarrollo humano.

Como Uds. pueden ver el cambio ha sido increíble, ahora somos nosotros los que no comprendemos como los humanos del siglo XXI podían vivir sin partes humanas de repuesto. Donde no hemos alcanzado un desarrollo muy significativo ha sido en las relaciones sexuales, esas para mi terminaron hace ciento cincuenta años, no se ha podido inventar nada que sea permanente debido que todos la elementos artificiales que tenemos en un momento de máxima excitación puede interactuar de forma eléctrica o magnética provocándonos un colapso total de todos nuestros componentes artificiales por eso somos clasificados como asexuales, no interesados en el sexo por problemas que la tecnología aun no ha podido solucionar, es un cambio que todavía está pendiente.

Para hablarle del cerebro tengo que remontarme a cientos de años atrás y así todo me es bastante difícil pero tratare de ser lo más conciso empezando a recordar el mito o el hecho del diluvio universal. El diluvio universal esta en casi todas las culturas ancestrales como: la griega, la hindú, la maya, la moussaya, todas con un mensaje muy parecido, yo por estar familiarizado con la cultura occidental de la antigüedad les hablare solamente de dos la griega y la del judaísmo-cristiano.

En la mitología griega se dice que el Titán Prometeo se robo el fuego del Monte Olimpo dándoselo a los humanos y que Zeus su Dios en venganza sumió a la tierra en agua y viento donde los único que se salvaron fueron el hijo de Prometeo, Deucalion y su esposa Pirra para preservar la vida en la tierra, de este hecho hay mas versiones en la mitología griega pero pienso que esto es suficiente y que debo pasar a la planteada por el judaísmo-cristiano con la cual soy más afín, Dios cansado de todos los errores y sacrilegios que cometían los humanos según nos narra la biblia en el libro de Génisis, le ordeno a Noé y su familia a construir un arca con todas las formas vivientes para salvar la vida en la tierra y después de eso por cuarenta días y cuarenta noches mando lluvia y viento para castigar y destruir a todos los pecadores.

Ahora hablaremos sobre el cerebro, con todos los adelantos científicos que teníamos en el siglo XXXI los científicos habían diseñado una rama de robot que no solamente cumplían con las tareas para las cuales estaban programados sino tenían el poder de pensar con un cerebro que era una maravilla de la ingeniería con la cual aprendieron a reproducirse y su reproducción muy pronto llego a miles dándole más poder que el que teníamos los humanos, eso trajo como consecuencia una lucha de maquinas contra humanos en que nosotros teníamos todo para perder, mientras los soldados robóticos estaban barriendo de la faz de la tierra todo lo que tenia vida genética entonces ocurrió un nuevo diluvio universal donde estuvo lloviendo por ochenta días y ochenta noches, todas esas maquinas no pudieron luchar satisfactoriamente contra el agua y el viento donde la naturaleza los venció con su poder inimaginable y gracia a eso unos cuantos seres humanos que se refugiaron en las alturas se salvaron para continuar la vida en la tierra y esto no es mito ni historia no confirmada esto fue una realidad donde los hombres sobrevivimos gracias a Dios, la lluvia y el viento y no sabemos que otros factores influyeron en esta victoria, en una guerra que casi teníamos perdida, por las razones antes expuesta se prohibió diseñar o construir cerebros que pudieran sustituir al de los humanos, los robot quedaron para hacer tareas repetitivas y que bajo ningún concepto pudieran pensar por eso es que yo mantengo mi celebro como cuando nací muy cuidado pero nunca remplazado.

La forma de gobiernos es global compuestas por los delegados de todos los planetas los cuales se reúnen una semana al mes en distintos lugares de nuestra galaxia para dictar las leyes que nos gobernaran, nuestros líderes se preocupan al máximo por nuestros bienestar, la comida es muy barata nos la suministran mensualmente en pequeños embaces producidas por la compañía El Buen Vivir, S. A. que suplen todas nuestras necesidades alimenticias sin ninguna complicación. Gracias al uso inteligente de las maquinas nuestra edad de retiro es a los ochenta años en la cual todavía somos jóvenes y los de menor edad nunca trabajan más de ocho horas a la semana. La educación es gratis y obligatoria por eso somos una sociedad muy equilibrada sin clases sociales con inquietudes basadas en el bienestar de la comunidad, aunque esto no quiere decir que seamos perfectos de vez en cuando un inadaptado trata de romper la tranquilidad de sus coterráneos y esos son castigados con la pena máxima que consiste en quitarle el pelo voltaico y al quedarse sin energía eléctrica descansaran en paz en un espacio donde ya no existirán. En estos momentos el gobierno global está promoviendo la emigración hacia los planetas Júpiter y Venus con muchos incentivos ya que esos planetas están poblados con un diez por ciento solamente de personas que pueden habitar en ellos.

Mi vida social es muy sencilla nos reunimos a celebrar los cumpleaños con todos los miembros de la familias y amistades cercanas, también celebramos las fechas patrióticas como el día de la unión mundial y la fecha en que derrotamos a los robot pensante que fue transcendental para la continuación de nuestra existencia. Yo desgraciadamente soy viudo, mi esposa falleció en un viaje que hicimos al planeta Venus hace cuarenta y cinco años, ella fue contaminada por una bacteria que se alimenta de electrones, la medicina moderna la trato con el único fármaco disponible para esta enfermedad que consiste en colorear los electrones de diferentes matices para confundir a la bacteria, un tratamiento muy eficaz del cual ocho de cada diez personas son salvadas ella tuvo la mala suerte de estar en veinte por ciento que fallece. Yo no recomiendo los viajes interplanetarios ya que el espacio nos depara muchas sorpresas, aunque los viajes son muy seguras nuestro organismo es débil y al no conocer el terreno que estamos pisando nos exponemos a extremos peligros por lo cual debemos tomar muchas medidas de seguridad para que no nos pase lo que le paso a mi primo Tabo el cual emprendió un viaje al planeta Saturno sin cambiarse el ojo derecho el cual ya le quedaba un poco chico y en un paseo por el campo se le cayó en un pozo y cuando trato de recuperarlo introduciendo su mano derecha en el pozo no se percató que estaba lleno de acido sulfúrico que reacciono con sus huesos de arena volcánica bipolar cristalizada que le destruyo todo su sistema óseo, fue una muerte horrible.

Esto de estar viviendo en el siglo XLI nos da mucha seguridad pero no estamos exentos de peligros, ahora se está hablando de una insubordinación en el planeta Plutón, un planeta enano pero con un gran ejercito de micro organismo asesinos los cuales cambian su composición química muy rápidamente y se vuelven casi indestructibles, tenemos que desarrollar un producto rápido y eficaz que los conviertan en organismos unicelulares los cuales no puedan reproducirse y se devoren entre ellos mismos, gracia a nuestra tecnología tenemos la capacidad de lograrlo.

Ya les he hablado como es la vida en este siglo y no tenemos muchas similitudes con nuestros predecesores solamente hay una que no se pierde en la historia que es la más importante y más significativas de todas, la más verdadera que con todos estos adelantos científicos no se ha podido destruir nuestra creencia en Dios como la que tenían nuestros ancestros porque somos pecadores y siempre nos unirá la fe en ese Dios que nos promete una vida mejor.

LA CÉLULA MADRE

Hoy me levanto como todas las mañanas, desayuno y mientras tanto oigo los noticias para estar informado, una noticia me llamo la atención un satélite de comunicación pierde su órbita dirigiéndose hacia la tierra, es un satélite pequeño pesa 40 Kg. no se sabe dónde va a caer se supone que será en el desierto de Australia o en el océano frente a la República de Chile o tal vez en la Siberia en Rusia, esto me da la idea que los científicos no saben dónde va a caer así que no me preocupo y salgo a pasear a mi perro para que haga ejercicio y evacue sus necesidades fisiológicas en un árbol de almacigo que está en la esquina de mi casa, es una mañana hermosa, soleada y fresca estaba de lo más contento cuando de pronto me callo el satélite en el medio de la cabeza, penetro en mí yo lo abrase como si fuera mi única oportunidad convirtiéndonos en una millonésima de nanosegundo en un satélite-humano.

Fui la noticia del día, del año, estaba en todos los medios de comunicaciones era el primero en esta situación pero no sería el último. Pasaban las horas tenían que enterarme rápido los científicos no querían una propaganda negativa acerca de la conquista del espacio y mucho menos sobre los satélites que ya estaban saturando nuestra estratósfera. Mi familia muy desorientada no sabía qué hacer si me enteraban solo o con el satélite. Gracias a la maldad de los gobernantes y con el consentimiento de mis de mis indefensos allegados, yo como un satélite humano me enteraron en una tumba redonda a las afuera del cementerio sin lapida ni seña.

La tecnología había acabado conmigo ya no era nadie, mientras otros pierden su trabajo o empiezan a ganar sueldos de miseria, mientras los ricos son más rico y los pobres si se puede decir son más pobres, es increíble como el desarrollo está cambiando con todo lo que era normal en nuestras vida. Los avances tecnológico han trasformado nuestra existencia los más inteligentes triunfan los menos inteligentes vegetan. Se está creando una división de clases basados en los conocimientos y medios de vida: si no tienes zapatos cósmicos, comunicación telepática, ojos súper dimensionales, etc., eres considerado una persona primitiva, te han convertido en el eslabón perdido en pleno siglo veintidós.

Pasaron mucho años y esa mescla de huesos, pelo, uñas, cables y componentes electrónicos se convirtió en una célula madre con todos los avance de la ciencia pasada, presente y futura se negó a seguir viviendo en la tumba redonda y sin nombre que le habían adjudicado pero como había cambiado el mundo en estos momentos parecía que vivíamos en otra dimensión en el mismo planeta, se escapó de ese lugar tan solitario mezclándose con una semilla de mango y yo me convertí en una frondosa mata de mango, esto fue empírico no le vayan echar la culpa al desarrollo. Como mata de mango mi vida era tranquila florecía y daba frutos, unos mangos sin semilla con cascara muy fina de forma cuadrada con mucha pulpa y fácil de transportar. Todo era paz en mi entorno hasta que llego el niño cibernético con su mega perro electrónico hacer sus necesidades normales y químicas, ¡que perro más dañino!, defeco en mis raíces litio, mercurio, uranio, plutonio y un sinfín de contaminante que me convirtió en un árbol rojo, feo y de hojas negruzcas, eso fue terrible. En ese estado de desintegración estaba cuando llegaron unos trabajadores de menor inteligencia, me cortaron llevándome a una procesadora química procesándome como energía eléctrica para el uso automotriz. En poco tiempo me situaron en un auto súper veloz metido en una cajita de energía perpetua, este increíble auto lo mismo volaba, navegaba por ríos y mares y de vez en cuando se desplazaba por las carretera subterráneas del inframundo. Ahí pase mucho tiempo hasta que me transforme en una pequeña partícula millones de veces más diminuta que un neutrón, ya era casi una célula madre enana. En esta condición tuve la oportunidad de salir a la atmosfera, en esos años estuve de lo más feliz viajando en una bolsita de helio con el mundo a mis pies pero como la felicidad no es eterna la contaminación ambiental me estaba matando de nuevo, caí en el suelo en una granja de cerdos me mescle con la mierda mal oliente de estos animales llegando al estómago de un cerdo alimentado con súper hormonas y un producto llamado súper CRC que significa crece, rápido y carnoso. Esos cerdos se desarrollan hasta llegar a un tamaño aproximado al de un búfalo pero siendo más infelices que un guanajo, ahí no dure mucho tiempo me procesaron convirtiéndome en una pastilla para los *ciberhumanos* que tomaban una vez al día era todo el alimento que necesitaban, ya las matas de mango estaban en extinción.

Permanecí unos meses en un almacén en un frasco de lo más bonito hasta que me compro un tipo raquítico con unas manos grandes, un solo ojo, con un solo testículo y un miembro viril casi microscopio, era un trabajador de bajo rendimiento de las clases que ni nombre tenían, el pobre compraba las pastillas las partía en cuatro y se tomaba diariamente un cuarto de una de ella, no tenía poder adquisitivo ni para comer normal.

Así empecé mi vida de pobre, trabajo, trabajo y más trabajo, como en este mundo ya habían solamente dos clases sociales, a la que yo ahora pertenecía la de sin nombre y la de los cabezones esos eran personas clasificadas como normales, con cabezas grandes, inteligentes, manos pequeñas eran los nuevos súper humanos, los nuevos privilegiados, ni ahí tuve la suerte de caer. Este desgraciado desnutrido cuando dejo de respirar su cuerpo no serbia para nada no podían convertirlo ni en comida para los animales los cuales ya no abundaban solamente se veían en los pequeños zoológicos o en fotografías de colección, así que fui destinado como estaba en el reglamento a ser procesado como veneno para las cucaracha, las cucarachas no habían cambiado nada increíblemente era las mismas, sucias y asquerosas. Como insecticida encerado en frasco a presión pase unos pocos días esperando mi próximo destino, me compro un cabezón y vacío el frasco en el multi cerebro de una tetra computadora para matar a las cucarachas que lo habían invadido. Mi célula madre con sus grandes habilidades se las ingenió para introducirse en el celebro operático del sistema, ahora si tenía poder así que empecé a cambiar lo sociedad, mi primera medida fue garantizar una pastilla completa para que los pobres se alimentaran saludablemente no más cuartos de pastillas, los cabezones estaban sorprendidos pero no sabían cómo solucionar el problema. Los pobres como tenían energía extra se dedicaron a los deportes, bailes, excursiones y ya no querían trabajar, la alimentación le estaba garantizada, los pocos cochinos que habían eran utilizados en el entretenimiento de los poderosos, ya no querían tomar la súper pastilla CRC solo tomaban leche y vino unos productos muy escasos solamente accesibles para unos pocos líderes de los cabezones. Prohibí los satélites.

Quise que los pobres avanzaran pero ellos no me ayudaron al contrario empezaron a vivir una vida de placer, utilizaron los nuevos rayos del crecimiento para aumentar su pequeño miembro viril que tenía como contra indicación la reducción de su casi cerebro ya microscópico así que sin darse cuenta pasaron a una etapa muy anterior a la del ser humano. Mientras esto pasaba los cabezones descubrieron que el ordenador YZXATB-1 era el que estaba causando este fatídico cambio tan perturbador para ellos, donde yo estaba, no pusieron más insecticida y las cucarachas se multiplicaron y en un cerrar de ojos un cucarachón grande y horrible me comió ahora me encuentro en su estómago alimentándolo. Se revocaron todas las medidas que había implantado, mis cambio fueron tan fugaces que no se saben si existieron. Qué triste ha sido mi legado sin ningún reconocimiento para que después de tanto luchar verme en esta situación tan crítica donde me encuentro.

Todos los sueños de mi vida la tecnología los destruyo, ya en estos momentos no puedo volver al pasado y en este presente después de estar viviendo una vida tan complicada solamente tengo el deseo de descansar en paz.

LAS MAQUINAS CONVERSADORAS

Llegue a mi casa y tenía una llamada en mi teléfono sin ningún mensaje, después de comer me dio la curiosidad de saber quién me había llamado así que marque el número contestándome una grabación muy interesante:

Esta Ud. llamando a los servicios funerales más completo y económicos del país, EL DESCANSO ETERNO, honestidad y confiabilidad, seleccione una de las siguientes opciones:

Si Ud. piensa morirse en una semana, marque el uno.

Si Ud. piensa morirse en un mes, marque el dos.

Si Ud. piensa morirse en seis meses, marque el tres.

Si Ud. piensa morirse en un año o más, marque el cuatro.

Si Ud. piensa que no se va a morir, marque el cinco.

Esta última opción era la más confortable así que marque la número cinco siendo esta la respuesta que me dieron acompañada de una reprimenda.

Si Ud. no piensa morirse por favor no nos llame ya que para nosotros su cuerpo no es un negocio y me colgaron.

Para hacer negocios piensan en todo, ya los difuntos se han convertido en una inversión de grandes dividendos, las funerarias, los cementerios, las flores y los cientos de detalles como recordatorios, velas, postales de agradecimiento, etc., que en general cuestan una fortuna a los familiares del occiso que se endeudan hasta la medula ósea de tal manera que llegan a maldecir el muerto que se fue sin pagar su último viaje.

Con esta experiencia decidí que el día que me muera me vistan de fiesta y mi cuerpo sea lanzado en un pantano sin nombre para servirle de alimento a los cocodrilos y no contaminar el medio ambiente y mucho menos contribuir con esas personas que lucran con la desgracia ajena sin pensar que a ellos les llegara el turno de usar sus propios servicios, en una semana, en un mes, etc., ya que la opción cinco esa no existe.

EL JUICIO

El juicio comenzó la sala estaba a su máxima capacidad, la prensa le había dado una amplia cobertura a este proceso era una noticia que se vendía fácil, un joven de veinticuatro años había matado a otro de treinta años de raza indefinida al tratarle de robarle la cartera con el propósito premeditado de invertir el dinero en drogas la cual necesitaba para alejarse de este mundo.

El juez a cargo del proceso es un profesional de mucha experiencia y con una gran sabiduría adquirida atreves de su trayectoria en la que ha participado en corrientes ideológicas cómo las radicales, conservadoras, reaccionarias y liberales las cuales ha ajustado a la ley vigente para dar sentencias lógicas y precisas en concordancia con las leyes buenas o malas que rigen nuestras relaciones sociales.

Comienza el juicio con la lectura de los cargos al acusado en un silencio casi fantasmal que cubría toda la sala donde estábamos.

Siendo las once de la noche del día treinta y uno de febrero del año 1999.2 a la salida del mercado La Esperanza agazapado entre las sombra de la noche esperando una presa indefensa se encontraba el acusado, cuando apareció Ignacio el cual había comprado un litro de leche dando la impresión de ser un hombre tranquilo, el acusado lo confronto para robarle la cartera complicándose la situación, el acusado saco un cuchillo declarando los testigos oculares del caso lo clavo tres veces en la parte baja del estómago de la víctima, el cual no soltó su cartera aunque estaba herido de muerte además en el informe policial se hace mención que milagrosamente el litro de leche no se rompió.

Tiene la palabra el abogado de la defensa.

—Una vez más honorable señor juez estamos en presencia de una situación provocada por la locura temporal de mi defendido, él en un momento de desesperación dominado por un vicio que ha dejado de ser vicio para convertirse en una enfermedad la cual es muy común en este mundo que vivimos y no pensando en las consecuencias que podrían tener sus actos en un futuro actuando fuera de sus cabales se vio involucrado en un altercado con un extraño, el cual no comprendió en la situación tan peligrosa en que se encontraba resultando herido para fallecer al día siguiente por una deficiencia de coagulación en su sangre. Este relato es el que más se acerca a la realidad como sucedieron los hechos por eso estoy pidiendo clemencia para mi defendido, que sea recluido en una hospital de desintoxicación para convertirlo en un hombre útil en nuestra sociedad, ósea internarlo bajo custodia médica y que la ciencia no los devuelva como un ser sano y productivo.

—Esto es una injusticia, se están violando mis derechos.

— ¿Y quién es Ud.? Pregunto el señor juez.

—Yo soy la víctima.

—Protesto señor juez, la víctima no puede hablar si está muerto, en esta situación se violaría el derecho legal de mi defendido.

—Yo también protesto señor juez dijo el fiscal, yo estoy aquí representando al pueblo, yo soy el único que está amparado por la ley para que pedir justicia no la víctima.

El juez se encontraba en una situación difícil, engorrosa nueva para él pero con su gran experiencia y profesionalismo, dijo:

—Yo aquí estoy para que la justicia funcione, que el sentido común prevalezca en cualquier situación no estoy dispuesto que esto se convierta en una obra de Kafka en donde el acusado nunca supo de que se le acusaba así que puede hablar pero sea breve ya que Ud. hablará por mi venia, bajo mi responsabilidad ya que según la ley judicial y medica Ud. esta muerto no existe.

—Perdón pero yo no soy el acusado de la novela de Kafka, yo soy la víctima.

—Aceptado su protesta, pero por favor sea breve.

—Aquella triste noche no teníamos leche en la casa y aunque estaba muy cansado después de un día de trabajo fuerte para que mis hijos tuvieran un desayuno aceptable el próximo día me dirigí al mercado La Esperanza para adquirir un litro de leche y pan, después de la compra al salir del establecimiento ése sujeto que está sentado ahí se me abalanzo hacia mi persona tratándome de quitar la cartera, me defendí de la mejor forma que pude pero todo fue inútil, me clavo un cuchillo no una sino tres veces en mi estómago causándome la muerte.

—Eso no se ajusta a la realidad protesto señor juez, en el acta de defunción cito que la muerte la causo la sangre que no coagulaba del fallecido así que el también contribuyo en su muerte. Yo creo y exijo que este individuo que ya no existe no hable más, ni se tenga en cuenta en lo más mínimo lo que acaba de decir porque si no señor juez donde están los derechos de mi defendido van a ser anulados, van a ser pisoteados quisiera pasar ahora a interrogar a mi defendido si Ud. me lo permite.

—Prosiga autorizo el juez.

— ¿Cuántos años tienes?

—Veinticinco.

— ¿Desde cuándo usas drogas?

—Desde mi adolescencia.

— ¿Que religión profesa?

—En estos momentos estoy relacionándome con Los Salvadores del Mundo, un grupo religioso que me está ayudando mucho.

— ¿Estas arrepentido de la que sucedió aquella noche?

—Sí señor tengo mucha pena y vergüenza por mi comportamiento de ésa noche, no puedo mirar de frente a mis padres no sé qué fuerza diabólica se adueñó de mi, le pido disculpa a todos los afectado por mi actuación. En estos momentos estoy por el buen camino gracias a los consejos de mis nuevos amigos, Los Salvadores del Mundo.

—Tiene la palabra el señor fiscal.

— ¿Dígame acusado ha estado Ud. preso anteriormente?

—Sí.

— ¿Por qué motivo paso seis meses en la cárcel el año pasado?

—Por una equivocación, me confundieron con otra persona e inocentemente page por un delito que no cometí.

—En el expediente consta que fue aprendido cuando trataba de robar en una gasolinera.

— ¡Protesto!, eso es una causa ya pasada por lo que mi cliente ya pago así que no se debe mencionar en este proceso.

—Aceptada su protesta, señor fiscal puede continuar pero debe ser más objetivo.

— ¿Fue Ud. expulsado de la escuela por el abuzo de drogas?

—No de ninguna manera yo estaba alterado por obtener buenas calificaciones y tome demasiados tranquilizantes para sedarme pero ellos no me comprendieron.

—Como está demostrado señor juez este hombre ha estado causando problemas durante el transcurso de su corta existencia hasta cuando la sociedad va estar soportando a este asesino, que sin más ni menos mato a un hombre sencillo para satisfacer sus vicios los cuales parecen que van en aumento.

—Protesto señor juez todavía no se ha demostrado que mi defendido es un asesino y menos aun que sus vicios hayan aumentado.

—Y yo que soy señor juez, porque me mataron. ¿Que será de mis hijos?

—Ud. no tiene que preocuparse por sus hijos hay organizaciones gubernamentales que se harán cargo del bienestar de su familia, dijo el abogado de la defensa agregando Ud. ha tenido la suerte de vivir en un país desarrollado.

—Yo no vivo en un país desarrollado, yo estoy en el cementerio.

—Para eso nacemos todos vamos por el mismo camino unos primeros otros después, esa la meta final de la humanidad ya Ud. la alcanzo, aclaro el señor juez prosiga la defensa.

—Como ya es palpable mi defendido cometió un error involuntario ya que analizando su personalidad comprendemos que es una buena persona y debemos creer en su arrepentimiento para el bienestar de él y su familia no debemos sentenciarlo a una larga condena porque eso sería un estigma sobre nuestras conciencia debemos y estamos obligados a darle una oportunidad la cual él se merece y que la ciencia médica lo salve.

—Tiene la palabra el señor fiscal.

—La fiscalía pide cadena perpetua basándose en la trayectoria de este individuo que ha consumado sus actos con el hecho de matar a sangre fría a un hombre bueno y decente que ha dejado viuda, huérfanos y un gran dolor en su familia.

—El acusado tiene su oportunidad de hablar.

—Yo he cometido muchos errores por las malas compañías porque andaba desorientado pero en estos días de meditación he encontrado el camino de la verdad y me siento arrepentido creyendo firmante que puedo ser útil a la humanidad gracia a mis amigos, Los Salvadores del Mundo.

—La victima tiene la oportunidad de hablar.

— ¿Hasta cuándo su señoría, vamos estar permitiendo la violación de los derechos de mi defendido ya esto es intolerable?

—Pero es que yo no cometí ningún delito donde están mis derechos porque yo soy la víctima

—Aceptado la protesta por favor cállese o tendrá que abandonar la sala, prepárense todos ya que he analizado el caso y voy a dictar sentencia.

—El acusado es culpable por tal motivo tendrá que ser recluido en un centro de salud mental nunca menos de un años hasta que se encuentre en perfecto estado síquico, después será trasladado a una prisión de mediana seguridad para cumplir una condena de doce años. Señores doy por terminado el juicio.

Opiniones fuera de corte de los participantes.

EL JUEZ.

Se merecía la cadena perpetua pero las leyes vigentes no me lo permiten.

EL FISCAL.

Con el código penal que tenemos creo que logre una condena aceptable, por lo menos lo saque de la vida pública por cinco o seis años.

EL ABOGADO DE LA DEFENSA.

Con los reglamentos carcelarios que rigen no cumplirá más de cinco años de su condena, tuve un buen juicio.

EL ACUSADO.

Si me salve de esta, me salvo de cualquier otra.

LA VICTIMA.

Todos se olvidaron de mí, donde han quedado los principios fundamentales de la vida han arreglado el problema sin contar conmigo, las victimas ya no importamos para nada en esta sociedad hemos perdidos todos los derechos lo que un día fuimos vivos y por el deseo y la avaricia de los asesinos estamos muerto mientras ellos se convierten en casi inocente para la opinión pública y medios culpables ante la ley y la justicia.

EL ÚLTIMO DÍA

Llegando al trabajo sentí un ruido en el motor de mi automóvil así que decidí resolver los asuntos más urgentes en la oficina para pasar temprano por el taller de mecánica. Salí a las dos de la tarde rumbo al taller cuando estaba pasando por el hotel La Nueva Imagen el carro se apagó y no había forma de encenderlo, cuando me baje a ver qué podía hacer vi a mi esposa saliendo del hotel fuertemente abrazada de mi mejor amigo Roberto, sentí un fuerte dolor en el pecho perdiendo el conocimiento, me trasladaron al hospital aunque tuve mucha atención de los médicos mi cuerpo no resistió, fallecí. En el alta de defunción escribieron que mi muerte se debió a un infarto masivo en el miocardio debido a una gran impresión que había recibido, no sé cómo diagnosticaron una gran impresión pero estaban acertados.

Yo como persona precavida tenía un testamento en el cual ordenaba como iba ser mi velatorio, quería que me vistieran con un pantalón corto, con una camisa de playa y me pusieran unos espejuelos de sol, me sentaran en una butaca del jugo de comedor con una pierna cruzada con mi teléfono celular en la mano izquierda y un cigarro en la mano derecha. El funerario se opuso a lo del cigarro ya que estaba prohibido fumar en el salón pero lo convencieron de que el cigarro estaría todo el tiempo apagado. Mi esposa, no sé porque la sigo llamando mi esposa, exigió que me dieran un tinte en el cabello caoba oscuro para ocultar mis canas, el tinte no fue tan oscuro pasando de trigueño con canas a castaño claro pero eso en este momentos no significaba nada.

Sentado en mí butaca tenía una vista panorámica de todo el salón, se apareció Roberto el amante de esa que fue mi esposa, el que fue mi gran amigo le dio el pésame a ella como si nada hubiera pasado parándose después frente a mí y con cara de arrepentido me dijo una sola palabra:

—Perdóname y se retiró.

No sé porque me pidió perdón, ya que yo no lo iba a perdonar ni estando vivo ni estando muerto, en ese instante me acorde de su madre y no de la mejor manera.

Apareció mi hija llorando desconsoladamente con el descarado de su marinovio, un imbécil que no trabajaba viviendo de ella como un príncipe, yo lo odiaba y siempre me opuse a sus planes matrimoniales, el muy descarado le dijo a mi hija con la intención que yo lo oyera:

—A pesar de todos los problemas que hemos tenido voy a extrañar mucho a tu padre porque estaba comenzando a quererlo.

Se me cayó el teléfono, con mucho trabajo me lo colocaron de nuevo en mi mano.

Hizo su entrada triunfal mi primo un personaje que hacía años que no veía, para ser más específico desde el día que le preste cinco mil pesos se había desaparecido de mi vista teniendo ahora el descaro de decirme:

—Querido primo nunca me he olvidado de lo que te debo, lo cual en estas circunstancias te lo pagare con flores. Me acode de mi tía.

No podía faltar en esta ocasión mi jefe, el administrador de la compañía donde siempre había trabajado, con aires de superioridad dijo en voz alta para que todos lo oyeran:

—He perdido un gran amigo, a un gran trabajador, cuando el mi cínico había convertido mi expediente laborar en una enciclopedia vieja e inmensa con todas las sanciones, reprimendas y advertencias que si cometía un nuevo error me iba a despedir.

Le toco el momento a la que fue mi esposa, pidió perdón como el traidor de Roberto, dándome una explicación tonta:

—Está infidelidad comenzó cuando tú estabas pasando la andropausia, por poco me caigo de la butaca, para no complicar más esta situación decidí que esta farsa debía ya acabarse.

Ya todo se terminó ahora me van a incinerar y le darán las cenizas a eso que se llama mi esposa que las pondrá en la sala al lado del cofre donde guardamos los restos de mi gata, para que ahora los dos cofres se llenen de polvo. Con la experiencia que tengo en estos momentos me pesa haber querido tanto sin pensar que estaba navegando en aguas turbias y que lo del velatorio fue un error hubiese sido más inteligente que me encerraran en un ataúd de acero para no ver visto nada y oído menos en mi frustrante último día.

TENEMOS HAMBRE ESTO NO ES VIDA

Hoy decidí ir al teatro, como no tenía suficiente dinero para asistir a una función de cierta categoría me decidí por ver una obra en un teatro de mala muerte localizado en unos de los barrios más pobre de la ciudad. Se corrieron las cortinas con una pésima iluminación en el escenario, apareciendo un actor con un traje fuera de medida, inmenso que daba la impresión de ser un regalo mal envuelto a representar una obra sin guion en la que el improvisaba en toda la actuación, la obra se llamaba: "ESTOY AQUÍ Y ESTOY VIVO", para mi ese título no tenía ningún interés pensé que había perdido los centavos que pague por la entrada y que mi tiempo lo había desperdiciado. El actor se veía grande y fuerte con esas inmensas ropas, su cara bien maquillada daba la impresión de ser una persona de una salud envidiable en esa tenue luz que casi no lo iluminaba.

Comenzó su actuación quitándose el sombrero y poco a poco con gestos muy estilizados sin caer en lo obsceno se quedó completamente desnudo, lo único prenda que no se quitó fueron sus zapatos ya que no tenía zapatos, en esa realidad con su cuerpo al natural lucia tan flaco que casi era imposible verlo y el viento de un viejo ventilador de techo lo movía como un péndulo de un reloj antiguo mientras su piel se enrollaba en su cuerpo dejando ver atrás luz sus finos huesos con manchas blancas que daban la sensación que el viento los quebrarían por haber vivido mil años en un mundo desconocido.

Un espectador sentado en la primera fila le pregunto donde había estudiado actuación, en que escuela ya que él es muy profesional. Él le respondió con mucha sinceridad y una gran modestia que había estudiado en las calles de lodo que tienen los barrios de miseria compartiendo con aquellos que no tienen nada para comer, por lo tanto no había una gran diferencia entre la obra, su actuación y la realidad de su vida, continuo hablando que aquí él se había quitado toda su ropa por voluntad propia mientras fuera del teatro la sociedad se la arrebataba, le destruía su vestimenta para dejarlo vestido solamente con su hambre la cual aterra. Yo aparte de ser actor soy una persona real que al principio me vieron con ropa, mucho maquillaje y sin mucho esfuerzo me he transformado en lo que realmente soy, una imitación a un ser humano como pudieron ver y oír al principio todo fue una gran mentira, perdónenme ya que mi voz es más suave y mucho más baja según va transcurriendo la obra como consecuencia que mi estómago ha absorbido a mi cerebro y se está tragando mis ojos mientras yo estoy pensando con mi lengua y mis dientes la manera de encontrar un bocado de comida para que la sociedad luzca más justa y no se diga que hay millones de personas viviendo día tras día con una hambre absoluta. Respiro profundamente llenando sus pequeños y deformados pulmones con el aire enrarecido de este sucio teatro diciendo con voz entrecortada:

—Gracias, ya mi actuación ha terminado.

Los espectadores comenzaron aplaudir de forma espontánea coreando una consigna ya por todos muy sabida:

"Tenemos hambre esto no es vida"

QUE PERRO MAS INTELIGENTE

Se corrieron las cortinas en este teatro sucio, oscuro y demasiado viejo que daba la impresión de que en cualquier momento iba a colapsar. La obra comenzó, solamente había un espectador yo y mi perro, a mí me gusta mucho el teatro todo lo contrario a mi perro al cual lo obligo a que me acompañe a todas las funciones a las que asisto para pulir su intelecto. El pobre no sabe comportarse en esta clase de eventos por ser muy cariñoso y expresivo, cuando ríe enseña a las personas sus filosos dientes blancos que asustan, inspira miedo cuando ladra y cuando esta alegre trata de lamer a las personas que están a su alrededor las cuales lo rechazan como si fuera la peste bubónica, como si ellos no estuvieran por dentro sucios portando cientos de enfermedades que ocultan con sus trapos limpios tratando de filtrar los olores de sus pensamientos turbios para que el olor no los delate, por suerte para nosotros éramos los únicos espectadores. La obra comenzó en ella actuaba un solo artista el cual es muy profesional e ingenioso pero el reto era descomunal ya que esta vida la soledad te minimiza siempre, estamos rodeado de personas extrañas cuando nacemos o morimos que son ajenos a uno o no son ajenas, pudiendo ser inteligentes o no inteligentes, estúpidos o no estúpidos yo para evitar lo más posibles estas situaciones tan embarazosas siempre estoy acompañado de mi perro que quizás no reúna ninguna de las condiciones antes expuesta pero es mi cariñoso, lo único que dé el me molesta es su agudo sentido crítico en el cual algunas veces estoy de acuerdo y en la mayoría de las ocasiones en desacuerdo.

En el transcurso del viaje de regreso a nuestra casa nos entretuvimos discutiendo y analizando la obra de teatro la cual tenía como título "LIBERTAD EN EL FUTURO CON MUERTE EN EL PRESENTE" de un afanado escritor completamente desconocido, con la actuación del primer y único actor en la obra Leopoldo Labrador carismático e impresionante, el cual no tiene ningún parentesco con mi perro ya mi perro es un animal sin clase, de la calle y sin ningún pedigrí.

Empezamos hablando de las últimas escenas de la obra, la muerte en el presente siempre constante como una guillotina sobre nuestros cuellos, lista en todo momento a ejecutarnos, mi perro me planteo que esas escenas deberían haber estado al principio de la obra para que al final cerrara con la proyección que tendríamos en el futuro, yo discrepe porqué la muerte siempre está al final nunca al principio ya que deberíamos estar ilusionados en la realidad de nuestras vidas en este mundo tan incierto. En concreto él pensaba que debíamos morir para ser libres, mientras mis ideas eran ser libres para nuestro encuentro con la muerte.

La libertad en el futuro es un sueño de felicidades plasmadas con bienes materiales de alegrías impensables que no estábamos seguros que existieran o no, será una realidad que no está a nuestro alcance que depende de una inteligencia superior muy ajena a nuestras vidas presentes petrificadas por los retos diario de nuestra existencia, en estos puntos estuvimos de acuerdo los dos.

Mi perro me explico que nosotros los humanos siempre estamos confundidos con el pasado, presente o futuro, que en su caso solo existe el presente que lo demás es una división sin sentido, ese planteamiento me puso a pensar el pasado existió, el presente existe y que es el futuro si nunca sabremos si llegamos a él ni tan siquiera que nos ofrece realmente.

Le plantee que la experiencia se nutre del pasado de los años vividos y él me contesto que para que me sirve la experiencia si él me ha visto actuar con los sentimientos del corazón y que según él sepa el corazón no piensa, definitivamente este es un perro inteligente.

Trate de cambiar el enfoque de la conversación enfatizando que el presente nos lleva hacia el futuro y el muy animal (por su condición física no por su intelecto) me contesto, si has sido un infeliz en el pasado, si eres un infeliz en el presente sigue la proyección que ni la muerte te cambiara tu condición de ser un infeliz en el futuro.

Llegamos a la casa, estaba cansado me senté en una de las sillas del patio, mi perro estaba de lo más contento a él le encanta estar en casa y moviendo su rabo para expresar su alegría de pronto se acostó en mis pies me miro a los ojos y me dijo:

—Tú tienes que ser feliz ahora y siempre serás libre, porque ya el pasado y el futuro no representan nada en este momento de tu vida.

Definitivamente que perro más inteligente.

MI ABUELA

Los países subdesarrollados tienen ciudades relativamente grandes que representan al país con una falsa imagen ya que se olvidan de la gran población que vive en una miseria casi absoluta. En estas ciudades la tecnología, los grandes adelantos médicos, la educación, etc., están casi al mismo nivel que la de los países desarrollados con la única diferencia que es una pequeña clase la que disfruta de esos logros de esos avances, ya que en sus barrios marginales y en el interior del país la pobreza, el desempleo, el analfabetismo van de la mano con una delincuencia y criminalidad que asusta.

Mi padre emigro a la ciudad abandono la selva buscando un futuro más prometedor, logro conseguir un trabajo el cual le permitía vivir no en los barrios de miseria pero si muy cerca de ellos. Se casó con mi madre teniendo tres hijos siendo yo el mayor. Con muchas dificultades logro traer a la ciudad a un hermano y dos hermanas para que comenzaran una nueva vida en la civilización, solamente se quedaron en la selva mi abuela y su hermano más pequeño el cual nunca quiso emigrar por el recuerdo de su esposa la cual murió en el parto de su primer hijo, no los quiso abandonar ni tan siquiera en el cementerio. Mi abuela se resistía a abandonar la tierra donde había nacido su orgullo era decir que el polvo de sus huesos siempre estaría con sus ancestros.

Mi padre cada vez que le era posible le enviaba pequeñas cantidades de dinero y cada tres años hacia un gran esfuerzo e iba a visitarlos, nunca me llevo porque mi madre no se lo permitía, mi niño en la selva tú estás loco así que crecí con el deseo de conocer a mi abuela sentimiento que cobraba fuerza cada día ya que mi padre siempre hablaba de ella y su vida en la selva, de la pesca en el rio, de la recolección de frutos, la cosecha del maíz, etc.. Todas estas anécdotas tenían su parte alegre y su lado triste por un sentimiento de nostalgia. Él siempre hablaba de los consejos de mi abuela cuando era un muchacho ella siempre le decía: Nunca te acuestes con María porque te vas a enfermar y mucho menos con Micaela porque te vas a morir. Yo preguntaba que significaba eso él me explicaba que María y Micaela eran dos prostitutas de la región de las cual se rumoraban que padecían de gonorrea o de sífilis, el nombre de las mujeres eran el nombre de las enfermedades. Yo me quedaba maravillado por el gran desconocimiento de mi abuela y de su entorno, de la forma tan primitiva que vivían como en este caso nombraban a esas enfermedades con nombres de mujeres basados en las experiencias de los pobladores que se las trasmitían palabra a palabras entre ellos.

Entre cuentos e historias de esa selva que no conocía fui creciendo graduándome de la universidad, mientras estudiaba trabajaba en una tienda de ropa de un turco con la cual costee mis estudios ahorrando algo de dinero el cual estaba predestinado para ir a conocer a mi abuela y a mi tío. Cuando se los dije a mis padres los dos se opusieron, mi madre siempre se opuso a que yo fuera a la selva y mi padre que siempre me quería llevar era el que más se oponía a lo que llamaba sueños inútiles de mi juventud. Pero esa era mi ilusión la cual iba a cumplir de todas maneras a pesar los consejos negativos que me daba mi familia acerca de viaje.

A mi padre no le quedó más remedio de explicarme como seria esa aventura, él no podía acompañarme debido a su diabetes, mi madre ahora no le permitía ir y en mi caso a regañadientes lo acepto. Tenía que viajar primero al pueblo de

La Concepción del Valle como dos día en ómnibus para después dirigirme al poblado de la Esperanza el cual estaba en el borde de la selva, pueblo pequeño donde se notaba una pobreza extrema en el que tenía que contactarme con Aurelio, un pariente lejano de mi familia el cual me ayudaría a internarme en ese mundo casi salvaje para llegar a mi destino. Salí con muy poco equipaje, con alguna ropa para mis familiares, mi padre me aconsejo que comprara cinco libras de sal y fósforos ya que eso era muy apreciado en la selva, para no cansar más con esta monotonía el viaje duro cinco días. Cuando llegue a casa de mi abuela, ella y mi tío me miraban incrédulos el hijo de Jacinto aquí se miraban fascinados con la fotografía de mis padres y familiares que vivían en ese mundo que no comprendían, mi tío mato un carnero e invito a los vecinos más cercanos a mi fiesta de bienvenida que bien la pasamos, cuando llego la noche las estrellas nos alumbraban y en un silencio compartido con el canto de los grillos y cubierto con una gran sabana que me mantenía protegido de una nube de mosquito dormí como un rey en su bendito trono.

Por la mañana me despertó el cacareo de las gallinas, desayune una leche tibia de una vaca recién ordeñada, pude admirar la tupida vegetación que rodeaba la casa, el tiempo corría despacio salí con mi tío a conocer los alrededores árboles y más árboles, muchas matas de plátanos con ranas blancas en su tronco, mi tío me explico que así eran en el tronco que cuando se iban de ahí volvían a ser verdes o negruzcas, regresamos almorzar mi abuela nos tenía preparado un caldo de plátano, maíz, yuca hecho con unas masas de Napoleón, yo pregunte quien era Napoleón mi abuela me dijo que era un puerco que había criado en el corral al final del patio, quede complacido sabía muy bien claro mis genes paterno ya lo conocían. Al día siguiente mi tío y yo nos fuimos a pescar al rio, ya mi abuela raramente salía de la casa, el llegar al rio nos llevo tres horas de camino no era un rio muy caudaloso pero si abundaban los peces, mi tío con un machete corto dos ramas le saco punta en un extremo y con ellas pescamos o mejor dicho casamos a los peces, yo pude alcanzar un pez mediano pero mi tío cogió cinco hermosos peces, diciéndome no saliste a tu padre él era muy bueno pescando aunque ya se le debe haber olvidado, mirando a la otro orilla del rio vi como personas moviéndose quise saludarlas pero mi tío me lo impidió esos son indios, nosotros nada más llegamos hasta esta orilla ya que ellos no son muy amigables ni hablan nuestro idioma, esta es nuestra frontera y las de ellos por nuestra integridad mejor nos retiramos a un lugar más seguro. De regreso a la casa, mi abuela encendió una fogata asando los pescados, pescados frescos que maravilla comí tanto que me empezó un dolor de estómago terrible, yo cometí el error de no traer conmigo un digestivo pero eso no fue ningún problema, mi abuela en un mortero mediano de madera puso hojas de manzanilla, mejorana, anís, jengibre con una cucharada de miel de abeja y dos ajos, los machaco bien poniéndolo a hervir con un poco de agua por dos o tres minutos, me tome ese remedio que sabía a rayos pero se me quito el dolor de estómago.

Yo estaba maravillado en ese ambiente, en esa naturaleza que solamente conocía en los libros que no se leían mucho, si me pongo a contar todas mis nuevas experiencias no acabo nunca aunque estaba feliz este no es mi medio yo tenía que estar en la ciudad con la televisión, con el teléfono, la comida rápida aunque fuera de lata para vivir aquí se necesita nacer aquí, me llamaba mucho la atención que ellos eran personas felices y saludable no tenían que preocuparse por los retos de la sociedad no tenían seguros, no tenían médicos, no habían maestros, los políticos no existían, las religiones eran distintas creían en el sol en la luna, agradeciéndole al cielo por la lluvia, no habían robos ya que la naturaleza les proveía de todo lo que necesitaban, no vivían en un mundo de concreto con todos los peligros de la civilización.

En las largas noches contemplado el infinito, mirando a la luna preguntándome si la felicidad existe quien la tenía yo y mi familia en la ciudad o mi abuela y mi tío en la selva no pude llegar a una respuesta, lo que si logre comprender que mi país es una mescla de personas divididas entre ricos y pobres, felices e infelices que somos muy diferente entre unos y otros, los de la capital, los de la ciudades, los de los pueblos, los del campo, los de la selva y ahora tenía que incluir a los indios que no eran muy amigables, que país es este que esta tan dividido y nos ignoramos unos a los otros así nunca llegaremos a alcanzar una comunidad justa, unos ideales sinceros porque en nuestra tierra cuando nos movemos a otras regiones somos extraños en nuestro propio suelo.

Se me acabo el tiempo tenía que volver a mi casa para emprender mi camino en las calles de asfalto, me despedí de mi abuela de mi tío, esta experiencia me marcaria para el resto de mi vida. Mi abuela con lágrimas en los ojos pensando en la distancia que nos separaría y los pocos años de vida que le quedaban me dio un concejo muy sabio: Nunca te acuestes con esa mujer llamada Sida porque te va a causar la muerte, me acorde de mi padre, definitivamente un consejo muy sabio por el cual siempre le voy estar agradecido.

El ÁRBOL

En esta sociedad civilizada en la cual vivimos rodeado de comodidades y confort se nos está transformado en un lugar cada día más inhóspito de concreto y acero donde abunda la inseguridad dados a los peligros que nos acechan, el más dañino de todos es la soledad que muy lentamente nos está convirtiendo en un numero sin nombre para en cualquier momento convertirnos en un cero. Para luchar contra estas situaciones como seres humanos nos estamos agrupando para así poder sobrevivir como la hacían nuestros ancestros en la edad de piedra o a la anterior a esta.

Se han creado cientos de organizaciones en las cuales podemos participar según nuestros gustos o ideales. En estas que están a nuestro alcance las hay que son políticas, religiosas, sociales, económicas, científicas, ecológicas y un sin número más que casi me son imposibles de nombrarlas a todas. Tenía que unirme a una de ellas para poder sobrevivir, dado el caso que siempre me ha interesado todo lo relacionado con la ecología había una que por su nombre me llamo la atención, EL ÁRBOL y hacia ella me dirigí con mucho amor y esperanza para darle un nuevo rumbó a mi vida.

Mi incorporación a este grupo fue muy positiva, todos los miembros fueron muy amables y cariñosos conmigo, dándome una cita para mañana para hablar, para conversar con unos de los ancianos de la congregación, eso era la que yo necesitaba.

Al día siguiente me estaba esperando un señor mayor con muchos años, la conversación desde el primer instante fue muy agradable, el señor muy convincente y objetivo me explico con lujos y detalles donde estábamos y hacia dónde íbamos los miembros del ÁRBOL. Nosotros somos como un árbol, el tronco son nuestros líderes al cual yo pertenezco, las ramas son las divisiones a la cual responden las hojas que son la fuerza de nuestra organización, los miembros. Entre el tronco, las ramas y las hojas formamos las raíces que nos dan el soporte para crecer y ser felices en este mundo y al que vamos a ir después.

Quede encantado con esa estructura, todo estaba bien planeado así que me sentía como un niño con juguete nuevo rebosante de alegría. Me ensenaron que todos éramos hermanos, eso fue un cambio cuantitativo ya no tenía una familia de diez personas ahora tenía una familia de cientos de personas todos los miembros del ÁRBOL.

Todo iba bien en esta primera etapa, ya no pensaba en las cosas superfluas que se compraban con dinero, mi dinero ahora iba para el grupo para crecer y construir el canino de la felicidad en el presente y en el futuro no muy lejano. Mis familiares y amigos fueron distanciándose de mí poco a poco hasta desaparecer de mi entorno ya que ellos no compartían mis ideas y nunca serian miembros del ÁRBOL.

Todo era actividad de lunes a viernes, después del trabajo asistía a charlas, conferencias y seminarios según el día. Los fines de semanas eran maratones de actividades donde encontrábamos la paz fortaleciendo nuestros ideales. Aprendí que nuestros líderes eran perfectos, que nuestras ramas funcionaban de forma magistral y que los únicos que podíamos cometer errores éramos nosotros las hojas hasta que no pasáramos a un nivel superior.

Que alegría, que decencia, este era otro mundo, el mundo de los escogidos para vivir la vida eterna.

Los sabios determinaron que por mi inteligencia y devoción tenían que prepararme para convertirme en rama. Me llevaron a un lugar hermoso como una selva virgen y en el centro de ella había un árbol que representaba a nuestra organización, estaba muy contento ya no sería hoja ahora sería rama. Me dijeron que de aquí a seis meses este árbol de aguacate dará sus frutos y yo pasare al grupo de las ramas.

Aunque yo no era de campo, recordando mi infancia en mi casa de concreto donde había un árbol de mango y este era un árbol de mango no de aguacate, no tuve el valor de contradecir a los sabios como estaba en una etapa de ascenso me aferre al dogma de mi nueva religión a esperar con el tiempo el fruto de nuestro sacrificio.

Todo funcionaba a la mil maravillas, trabajábamos cada día con más devoción para engrandecer nuestra organización, no se palpaba ninguna diferencia entre los miembros pero las había si no estabas en tronco vivías de promesas y más sacrificios mientras ellos te gobernaban, tu vida era la de un siervo indefenso ante leones imaginarios.

Ya estaba relacionándome con el círculo de los miembros de las ramas. Como había cambiado mi vida los sabios viejos me guiaban asía la vida eterna. Vivía en un mundo maravilloso, en una comunidad con el alma puesta en el futuro.

Ya el árbol había florecido dentro de poco obtendríamos sus frutos, podríamos saborear el néctar de nuestro sacrificio. Ya llego el fruto de nuestra salvación y en este gozo indescriptible cominos aguacate de nuestro árbol de mango.

MIS CABALLITOS DE CRISTAL

Era una mañana fría, había llovido toda la noche en este pueblo tranquilo donde la vida pasaba por qué pasaba, en una sociedad que nunca cambiaba que estaba estática como si el tiempo no existiera. Una inmensa fábrica de cristal y algunos pequeños negocios era la base de nuestro sustento. La riqueza estaba controlada por unas pocas familias y la miseria muy bien repartidas entre los que no tenían ni pensaban en nada, los trabajadores manuales, los de servicios, los campesinos que no eran muchos porque la tierra es bastante árida pero ellos son explotados como si vivieran en la época medieval. Los vicios si florecían en todos los aspectos, la prostitución, el juego, el alcoholismo acompañaban a la pobreza como una epidemia social, las drogas más caras era solamente del uso de los ricos, los vicios tienen clases sociales por el costo que implica por esa razón las drogas no habían llegado al pueblo golpeado por la miseria de los pantalones sin bolsillos. La política muy activa sin ningún resultado positivo, se hablaba que teníamos necesidades pero no hambre, que definición tan simple que nadie comprendía porque no sabíamos donde empezaba una o terminaba la otra.

Juan se revolvía en su cama tocando el cuerpo caliente de su esposa mientras perdía su lucha contra el tiempo ya que tenía que levantarse e irse a trabajar en la finca del cacique del pueblo, el hombre más rico de la comarca el dueño de la fábrica de cristal, su trabajo consistía en cuidar los caballos de pura raza que el tenia con un veterinario muy especializado y una comida la cual era envidiables hasta para los humanos,

Juan como ignorante que era soñaba de vez en cuando ser un caballito de cristal que si eran conocidos esos animales por el negocio de su dueño. Comenzó de nuevo la lluvia más fuerte y más fría, se tuvo que levantar e irse hacia su trabajo olvidándose de la inclemencia del tiempo, para acortar camino ya que estaba tarde decidió coger un atajo por unas tierras muy áridas que con la erosión de la lluvia se semejaban a un pantano, durante su trayecto iba maldiciendo su existencia sin dinero, sin posibilidad de una mejoría económica mientras se volvía más viejo con seis hijos. Cuando menos lo esperaba golpeo una piedra cayendo de bruces en el fango saturado de agua, se levanto mojado y sucio llevándose la sorpresa del siglo había perdido la cabeza, empezó a buscarla por los alrededores sin éxito parecía que había desaparecido tuvo miedo y decidió volver a su casa sin cabeza, sin saber que reacción tendrían sus familiares. Cuando llego su esposa como si nada le pregunto porque no había ido al trabajo, él le dijo la lluvia, el fango, me caí y ella le contesto vas a perder el trabajo, nadie se había dado cuenta que no tenía cabeza, lo votaron del trabajo, Juan se ajusto a su nueva vida actuando de la siguiente forma:

Ahora sin trabajo y sin cabeza tengo que mudarme para unas tierras que había heredado de mi padre que no daban nada, tierra ingrata donde no crecía ni la yerba mala compuesta por arena sílice de tan mala calidad que no serbia ni para la producción del cristal, comenzamos haciendo bloque de fango o de adobe para que parezca profesional, que bien me sentía sin cabeza y no sé porqué pero era más inteligente, abriendo un hueco para enterar un palo que sería el sostén de mi nueva casa me llego la sorpresa de mi vida encontré oro, un yacimiento de oro increíble y ahora que me había transformado en un hombre sabio iba a multiplicar mi nueva fortuna por miles, definitivamente perder la cabeza fue un gran logro un gran avance.

Me convertí en un personaje de novela, en el hombre más rico del pueblo, compre la fábrica de cristal y todas las propiedades de los adinerados de pueblo, ya era el dueño de los caballitos de cristal ya no pensaba ser uno de ellos, ayude a los pobres con mi inmensa fortuna no por humanidad sino para que su pobreza no me recordara la que yo había vivido.

Esto de no tener cabeza era lo mejor que me había pasado y nadie se daba cuenta, que feliz estaba hasta que un día decidí ir a mi primera casa en mi caballito de cristal, la encontré casi semidestruida entre al cuarto ahí estaba mi cama sucia con su colchón roto donde había dormido por muchos años no sé por qué me dio deseos de acostarme en ella, siendo yo un hombre que satisfacía todos mis deseos en mi nueva vida de rico con mucho cuidados me acosté en ella y sentí un dolor agudo en el estomago era el codo de mi esposa golpeándome fuertemente reclamándome que iba a llegar tarde al trabajo, me levante a la velocidad de un rayo, que sorpresa mas aterradora ahora tenia de nuevo mi cabeza sobre mis hombros que desgracia volvía a ser pobre, que tristeza cuando volví a la realidad a mi estado primitivo de trabajador esclavo, ya no era nadie ahora tenía mi cuerpo completo pero había perdido mi oro, mis propiedades incluyendo a mis caballitos de cristal.

EL CAMINO AL TRIUNFO

Juan era un joven predestinado al triunfo siempre se destacaba en todo lo que se proponía, deportes, estudio, relaciones sociales y además complementaba todas esas actividades con grandes aciertos en su vida amorosa. Toda su lucha comenzó a centrase en el poder tratando de sobresalir, ser una persona admirada y querida donde quiera que estaba adonde quiera que iba. Sobresalir, sobresalir era su meta, ser un líder seria su logro más preciado. No era una persona pedante aunque tenía aires de grandeza por lo general era una persona normal y como persona normal tenía sueños dormido o despierto, en sus sueños contacto con un iluminado al cual le pregunto dónde estaba el camino del triunfo.

Esa persona que se hacía llamar sabio le explico que solo había un camino hacia el triunfo que contaba de dos etapas, la primera etapa se basaba en su esfuerzo personal, estudio, trabajo, honradez y tenacidad. Ya esa etapa la había pasado pensó de forma modesta o no. La segunda etapa era la de buena suerte, que el destino te llevaría hacia un puente que estaba bloqueado por un gran muro, había que traspasar ese muro caminar por el puente y ahí encontrarías el triunfo en todo su esplendor y gloria.

El camino le resultaba fácil ya había pasado la primera etapa así que se encamino hacia el muro cuando trato de escalarlo el muro incremento su altura y su ancho no pudo ni tan siquiera ver el puente. Así trato y trato hasta que sus manos sangraban y sus rodillas estaban en carne viva.

Como no pudo vencer el muro continuó su vida disfrutando de su existencia al máximo, con lo que cualquier persona hubiese sido inmensamente feliz pero él era de otra estirpe así que cada cierto tiempo iba al muro para tratar de vencerlo pero siempre salía derrotado con una tristeza que le envolvía sus pensamientos, esa tristeza lo agobiaba se fue amargando y poco a poco fue destruyendo su felicidad que con tanto esfuerzo había alcanzado.

Llego un día en que parado frente al muro la vio pequeño y muy estrecho ese era su día lo escalo fácilmente y vencido ese obstáculo camino por el puente ya era un hombre realizado, ya era un hombre con suerte pasando por debajo de un letrero inmenso y bello que decía:

"BIENVENIDO A LOS TRIUNFADORES"

La felicidad lo embriagaba cuando en ese momento vio una tumba con su nombre y una esquela que decía:

JUAN 1920-1958
"AQUÍ YACE UN TRIUNFADOR
QUE SE DERROTÓ A SI MISMO"

EL TORO PADRE

Nací en una pequeña finca propiedad de mi padre que se dedicaba a criar ganado, vivíamos de la venta de leche y queso ya que nunca sobrepasamos las cincuentas reses, éramos uno de los tantos pequeños ganaderos que habían en la región. Yo herede la finca como mi padre la heredo de los suyos, siempre mantuve la fe de tener un toro padre para mejorar la producción pero eso me era casi imposible por la falta de capital.

Tuve la suerte que nació un ternero como nunca había tenido fuerte y hermoso así creció a los seis meses tenía muy buena estampa, como miembro de la Asociación de Pequeños Ganaderos lo lleve a la feria bovina más importante de la región con la esperanza de conseguir algún premio los cuales siempre venían acompañados con una remuneración económica. Lo lleve tres días antes de la competencia pague por su estancia y su alimentación, la inscripción no me la cobraron por ser miembro de la Asociación de Pequeños Ganaderos.

El día final de la competencia llegue temprano para observar los otros animales, ahí fue cuando la tristeza me embargo aunque mi ternero era hermoso estaba por debajo en tamaño y en peso a los de su misma edad. No recibió ningún premio estaba bastante lejos de los favoritos pero recibí un diploma por participar que todavía no entiendo si me lo dieron a mi o al ternero. La persona que me dio el certificado era una de las premiadas, un hombre muy rico el cual tenía cientos de miles de cabezas de ganado fue muy amable conmigo lo cual se lo agradecí.

El bello ternero que lleve a la competencia no sé lo que lo atraso en su desarrollo y no se pudo convertirse en toro padre lo tuve que vender, con él se fueron todas mis ilusiones de mejorar mi ganado.

Todos los años iba a la feria pero como espectador nunca más se me ocurrió competir de nuevo y siempre me encontraba con el rico hacendado hablábamos de la feria nunca fuimos amigos pero yo le dije que si un día pasaba cerca de mi finca que en mi casa sería bienvenido, el me correspondió de la misma manera sabiendo de antemano que yo sí nunca lo iría a visitar por lo distante que vivíamos y la gran diferencia económica en la cual nos desenvolvíamos.

Mientras mi vida pasaba tranquilamente en mi pequeño rancho llego la revolución, un cambio político que no esperábamos con planteamientos modernos que ya no habrían ricos, que era el fin de los explotadores que ahora todo seria del pueblo, empezaron expropiando las propiedades y negocios de los extranjeros como primer paso para después intervenir a los grandes latifundistas nacionales eso a mí no me preocupaba ya que yo no caía en esas definiciones los ricos eran los que tenían que preocuparse yo no.

El esos días convulsos estaba disfrutando mi siesta después del almuerzo cuando mi esposa me despierta informándome que había un señor muy bien vestido preguntando por mí. Que sorpresa la mía era el ganadero que me había dado el certificado años atrás, después de saludarnos y sin mucho rodeo me conto que hacia un tiempo se había comprado un toro padre en una competencia en Canadá en la cual fue el triunfador, había pagado veinte cinco mil dólares por el bello ejemplar eso para mí era una millonada y temiendo una intervención de sus negocios no lo quería perder que si yo estaba de acuerdo me lo traspasaba a mí y cuando la situación política se normalizara vendría a recogerlo pagándome todos los gasto ocasionados por el animal. Yo acepte con los ojos cerrados a su propuesta esta era la oportunidad de tener un campeón como toro padre que nunca me lo hubiese imaginado, que felicidad le di mi mejor establo bueno lo tuve que arreglar bastante pero él se lo merecía. Pasaron unas semanas enterándome por la prensa la confiscación de todos los bienes del dueño del toro y que él se había ido hacia al exilio como traidor de nuestra patria. Y yo con mi toro padre, no me alegre ni me puse contento ese es el camino de la vida que me premio con lo que yo tanto anhelaba.

Mi potencial de mejorar mis reses no tenía grandes perspectiva ya que mis vacas no eran de raza pero esa unión siempre las beneficiarias. Mi esposa me criticaba por los cuidados que le daba al toro, mis hijos se reían de la situación pero ellos también lo admiraban.

La revolución continuaba su camino ahora estaban interviniendo todos los negocios, ni tan siquiera se salvaron los vendedores de periódicos ni los limpiadores de zapatos. A mí me llego mi turno me intervinieron mi finca, la finca de mis abuelos, la finca de mis padres, me tuve que ir con mis sentimientos rotos ante los ojos de un interventor que no me comprendía, que era el jefe de la cooperativa de naranja del pueblo, un líder sindical que no sabía nada de naranja y mucho menos de vacas. Era tanto mi pesar que ni del toro me acorde.

Pasaron los días acomodándome con mi esposa en la casa de mi hijo mayor, una casa que construí para él no para nosotros pero no teníamos otra opción. El interventor fue a verme explicándome que yo era una persona muy buena que siempre había ayudado a los pobres que no tenía enemigos y que se estaba preparando una fiesta para celebrar todas las intervenciones de nuestra comunidad por lo tanto ellos pensaban que por el respeto, el cariño que me tenían en el pueblo yo debía participar, le di las gracia por educación y para no buscarme más problemas ya que yo no podía irme al extranjero, claro que no fui no creo que fuera una burla planeada, era una invitación sin inteligencia sin decoro.

Todos en el pueblo hablaban de la fiesta lo bien que lo habían pasado, que sabrosa estaba la comida y que la carne de mi toro sabia a gloria. Increíblemente habían cocinado habían asado a mi toro padre un toro de veinticinco mil dólares, me sentí frustrado comprendí que con estos revolucionarios lo único que alcanzaríamos es hambre y más hambre desgraciadamente el tiempo me comprobó que no estaba equivocado.

MIS SUEÑOS

En mi niñez siempre soñé en grande, mis pensamientos vagaban sin límite en el espacio que me rodeaba. Con mi carro de tres palos construido con ruedas de un patín roto gane todas las carreras en las que competí. Con mi barquito de papel navegue en los océanos de norte a sur, de este a oeste ganando las batallas navales más importantes de la historia. Con mi arco y flechas hechas de cartón montado en mi caballito de madera fui un guerrero tan temido que el mundo lo tenía a mis pies. Con mis soldaditos de plomo conquiste el universo, me convertí en el rey de reyes, viajando por todos los territorios de mi imperio en mi avioncito de cartulina roja, rápido como la luz fuerte como el rayo. Después saboreando mis triunfos fui a una playa muy hermosa en donde construí mi gran castillito de arena, con docenas de cuartos docenas de baños, era una maravilla arquitectónica para demostrar mi poder en el presente y mi legado en el futuro.

Cuando llegue a la adolescencia continúe soñando sueños de juventud, me enamore de toda las mujeres hermosas que estaban al alcance de mis ojos, artistas de cine, de televisión, de las muchachas más del bellas del pueblo, caí en los brazos de mujeres esculpidas en mármol como la hija del panadero que parecía una diosa bajada del cielo y termine casándome con una mujer como la que tienes tú, como la que tiene el, como la que tenemos todos nosotros.

Cuando llegue a la adultez confronte otros retos, otras batallas, otros sueños, los cuales eran más simples y sin gloria luche por comer, luche por vestir, luche por tener un hogar donde vivir no hay mucho reconocimiento en esos triunfos aunque las batallas fueron largas y agotadoras. Siempre me recuerdo de mi encarnizada lucha día tras día contra la monotonía en la cual no siempre salí triunfador pero nunca me di por vencido.

Ahora estoy en los umbrales de la vejes en los años dorados, dorados de no sé qué, pero estoy renaciendo ya que estoy pensando de la misma forma de cuando era niño, ahora he comenzado a soñar con mis triunfos como en mis buenos tiempo. Le contare a los que quieran oírme mis victorias engrandecidas por la experiencia acumulada atreves de los años vividos, aunque me señalen de estar loco, ser un demente o un mentiroso no importa en la vida para ser feliz solamente tienes que tener sueños, miles de sueños porque para que avances en tu existencia esa debe ser la chispa que te impulse en todo momento a cada instante y no te debe importar ni dejarte intimidar porque te tilde de loco, es la locura de tus sueños realizados o nunca concluidos.

MI SILLÓN Y MI PUERTA

Siendo una mañana tranquila me senté en mi sillón para contemplar mi puerta, ese sillón me ha acompañado por muchos años es parte de mi rutina, como soy pobre no me lo podre lleva a la tumba ya que no soy faraón y mucho menos un rey maya, pero lo necesito ya mi cuerpo está adaptado a él con el uso está un poco o mejor dicho bastante deteriorado pero eso nos une más ya que yo estoy bastante deteriorado, ahí está la puerta por donde he salido a la calle, al mundo a pasar tiempos buenos y otros no muy buenos, es también la entrada a mi refugio a mi casa tampoco puedo llevarme la puerta a mi tumba.

Alguien toco a mi puerta mire por el cristal dos hombres bien vestido y con pinta de ser personas decentes, pensé no abrirles mi puerta pero no tenían caras de delincuentes de los submundos lleno de basura humana pero podían ser delincuentes con cara de personas decentes del buen vivir que roban con la ley enriqueciéndose con esa misma ley pero esos no tenían nada que conseguir en mi casa que utilidad tendrían para ellos mi sillón y mi puerta.

Les abrí, ellos empezaron hablarme de la vida de las nuevas oportunidades que me deparaba el futuro después de la muerte; la conversación fue amena al principio intercambiamos ideas, después eran ellos los que hablaban me leían citas y más citas de un libro el cual no conocía no me dejaban pensar, me quitaban y me ponían sus ideas a su antojo iba ser feliz en ese futuro y yo me elevaría hacia el infinito e iba a ser salvado, era un trabajo que hacían por su fe un trabajo celestial donde nos salvaban del pecado y nos ganábamos la vida eterna. No como los doctores en medicina que te miran con sus ojos científicos y te salvan medicamente, pará después arruinarte económicamente convirtiéndote en un miserable saludable y si protestas tienes que contratar a un abogado, si no gano el caso no cobro, que es como meter a un zorro en un gallinero donde él se come la carne y si tienes suerte te tocan las plumas y te conviertes en un miserable deprimido, así es el ciclo.

Ellos no, ellos querían tomar mi alma moldearla a su manera para entonces salir con ellos a redimir a los pecadores. No llegamos a ningún acuerdo se retiraron por suerte sin mucha bulla no eran personas peligrosas, por el momento si vuelven no le abro la puerta. Pero se fueron tristes yo también me sentí triste, cerré la puerta me senté en mi sillón pensando en mi vida en ese mundo etéreo lleno de fantasía después de la muerte, en esa tierra prometida llena de paz y felicidad pero para desgracia mía en ese entorno yo no vi ni mi sillón ni mi puerta.

NI EL PARAÍSO NI EL INFIERNO

Fui al cementerio con un ramo de flores para honrar a mis difuntos cuando se me apareció un alma en pena preguntándome:

— ¿Qué haces aquí?

Yo le explique que estoy aquí para honrar a mis muertos.

— Pero tus muertos quizás no estén aquí, estarán en el paraíso o en el infierno y también queda la posibilidad de que no estén que no haya vida después de la muerte.

—Si hay vida después de la muerte porque tú estás hablando conmigo.

—Bueno yo soy un alma en pena atrapado en una dimensión o espacio en los cuales nunca tendré descanso ya que mi vida fue tan equivocada, marcada de errores que me convirtieron en un ser no humano repudiado por todos en vida y no aceptado por nadie después de la muerte. Algo parecido a lo que es tu existencia donde tus flores no significan nada, con ellas no vas a borrar las miserias en las que has vivido, si no fuiste un buen hijo, si no fuiste un buen hermano, si no fuiste un buen amigo que haces en el cementerio visitando a los que no visitaste en vida, si no distes cariños si no le prestaste ayuda en el momento que ellos mas lo necesitaban para que engañarte a ti mismo con mentiras en este lugar donde no debes estar vivo, espera que la muerte te traiga a esta dimensión para unirte a las almas en penas de las noches sin sueño.

—Ud. no sabe lo que dice y quizás ni piense correctamente porque Ud. a mí no conoce para ser tan injusto conmigo hablando cosas sin sentido, yo soy una persona que estoy argulloso de la trayectoria que he tenido en este mundo.

—Yo no soy nadie para juzgarte y mucho menos para condenarte pero tu estas equivocado nadando en un mar de falsedades que te quitaran el aliento dejándote sin fuerzas ya que tu puedes engañar a todo el mundo pero nunca podrás engañarte a ti mismo porque tus realidades son tuyas y tu eres el que mejor las comprende.

Se fue como mismo llego y yo con mi ramo de flores decidí ponerla en cualquier tumba, me acerque a un hermoso mausoleo y para sorpresa mía tenía mi nombre pero no tenía fecha, puse mis flores en el vaso floral con mucho cariño ya que era mi tumba aunque estuviera vacía cuando se me apareció de nuevo el alma en pena, diciéndome:

—Los muertos no se traen flores a sí mismo ni aunque estén vivos.

MI REALIDAD

En una noche fría caminando por una calle oscura con todas mis frustraciones y fracasos me encontré con un perro flaco y desnutrido así que sin pensarlo decidí llevarlo conmigo a mi casa para cambiarle su vida. El acepto con mucho cariño su nueva situación y después de comer se acomodo en mis pies, me sentí feliz era lo que yo necesitaba un perro cariñoso y agradecido. Encendí el televisor para ver las noticias y mi perro que ya era mío me dijo:

—Para qué vez la noticias sino sabemos si son verdades o mentiras.

Me sorprendió que hablara pero más me sorprendió lo que dijo. Tratando de complacerlo cambie de canal para un programa cómico donde los actores se burlaban de un fañoso, preguntándome mi perro:

— ¿Para qué ver la realidad del lado equivocado de la vida?

Decidí apagar el televisor y hablar con este animal tan sabio pidiéndole que me explicara como aprendió hablar.

—Aprendí hablar el día que me dieron una no merecida patada en mi cabeza perdiendo el sentido y al volver en si ya no ladraba, ese maltrato no sé si fue bueno o malo.

Le respondí de la forma más amigable posible:

—Siempre el maltrato es injusto y en tu caso no deja de serlo. Quizás en la vida debemos recibir castigos cuando andamos por rumbos equivocados pero los que nos castiguen deben tener sentimientos sanos y humanos. Se rio y me dijo:

—Si yo te muerdo soy agresivo y si tú me muerdes eres un terrible animal, no hay diferencia los dos somos iguales.

Cansado de esta conversación que no me llevaba a ningún lado y por lo cual estaba un poco agotado decidí entrar a mi cuarto cerrando la puerta para estar solo como siempre he estado. Fue una noche muy intranquila donde soñé que ladraba y ladraba en todo momento mientras vivía en una sociedad que me ignoraba y siempre me reprimía. Después de despertar en este mundo tan adverso que me ha tocado vivir que ya no sé si el perro y yo somos la misma persona.

EL COMUNISMO Y YO

Se acercaron los pájaros verdes con sus cabezas rojas como aves de carroña a comerse mi pensamiento vivo sin saber que ya estaba moribundo. Tuve que mentir, cientos de pájaros verdes cobardes, asesinos basándose en el poder de un grupo, de una secta que se auto titulaba la gran mayoría de la nueva civilización, formadas con miembros que no sumaban valores morales donde crecía el odio, la envidia, las ansias de destruir como la mala yerba que era casi imposible de erradicar, humillaban, destruían a todos las personas que no comulgaban con sus ideales aunque eso de comulgar tiene un sentido religioso y ellos como es de esperar son ateos que creen en la ideología de las masas deshumanizadas, en la dictadura del proletariado donde las ideas individuales son un delito castigado por la ley de la miseria que impera en sus mentes corruptas que se comportan como asesinos sin almas, sicarios de un poder que lo único que piensa es mantenerse en el poder acosta de la sangre de culpables o inocentes.

Cuando tú tienes criterios que difieren de los planteamientos populistas los cuales están basados en un futuro que niega el presente, solamente tienes dos opciones la de morir por tus ideales o esconder la cabeza en la tierra de la supervivencia para no ver el presente y mucho menos ver el horripilante futuro que te espera a ti y tus coterráneos en ese mar de injusticias.

Me encere en mi casa, en una urna de cristal que me adjudicaron para mantenerme controlado todo el tiempo, una celda de paredes transparente donde me vigilaban mis suspiros, mi respiración, donde mirando al suelo me controlaban hasta los sueños que no podía soñar.

En ese estado que no puedo definir, en una revolución que no fue revolución trate de vivir sin que cambiaran mi sangre, sin que modificaran mis genes fue una lucha larga en la cual luche contra mí, contra ti, contra todos para pensar que yo era libre aunque solamente fuera en mi pensamiento.

Es increíble como el presente y el futuro comparten el mismo espacio de tiempo y el pasado lo ha cambiado tantas veces, lo ha modificado a su conveniencia que en estos momentos no sabemos en realidad si existió o no. Los pájaros verdes con sus cabezas rojas han envejecidos con el tiempo, se han convertidos en ancianos tocando a las puerta del infierno donde ellos saben serán bienvenidos como reyes triunfantes de las miserias humanas que ellos han construidos.

Ya se acabó todo, los pájaros verdes con sus cabezas rojas entraron al infierno y mi país que hacía años no existía desapareció en la nada. Ya todos están muertos menos yo que fui un aborto del comunismo, si tuve la suerte o la desgracia de morir sin haber nacido es que en todo ese tiempo yo no he existido para esa sociedad tan corrupta.

LA DANZA DE LOS INSTINTOS

Todo fue de noche
fue mía inmensamente mía
vibro en mis brazos
tembló en mi cuerpo
palpe su carne
con mis dedos de fuego
sentí su boca
en el dolor de mis labios
nos mesclamos
como cuerpos extraños
para formar uno nuevo.
Mis ojos dilatados
buscaban los de ella,
eran cuatro puntos
blancos rojos negros
bailando en la oscuridad
la danza de los instintos.
Pasaron las horas
como ha pasado la vida
por tierra paraíso e infierno
llego el rocío
frio como el hielo
cayendo en nuestros cuerpos
evaporándose como un suspiro
todo se ilumino con un relámpago
el tiempo había volado
no vi el sol

siendo de día
nos miramos como extraños
no había amor
no vi cariño
pero esa noche
fue mía y de ella
fue la noche de los dioses
en la tierra húmeda
de la desesperación
de aquellos que aman
con el calor de la carne
con el fuego de la mirada
con los instinto ocultos
en la tormenta de la vida.
No fui mío
ni ella fue de ella
fueron unas horas
convertidas en siglos
de felicidad y ansias
nuestras carnes
estaban exhausta
nuestros deseos
mil veces realizados
y en toda esta locura
al final nos adentramos
en el camino del olvido
sin lágrimas ni risas
de forma espontanea
para ella y para mí
ninguno de los dos
supimos él porque
no hubo otra noche

si siempre hay un día.

MIENTRAS CONTINÚA LLOVIENDO

Salimos del pueblo
la lluvia la siento
en todo mi cuerpo
las frías gotas
caen hacia abajo
la gravedad
la vida tiene sus reglas
los años la vejes
por gravedad
estoy en la tierra
por amor estoy en las nubes
se rompió la regla
es la excepción
que la justifica
eres tú
soy yo
somos dos
sigue lloviendo
estamos mojados
no, no rompo la inercia
pero existo
estoy pensando
ya naci
ya crecí
estoy loco
no, loco no
porque estas tu.
El aire esta frio
me aprietas

te siento
me gustas
nos acostamos
nos echamos
nos tiramos
es lo mismo
nos amamos.
Me dices
que mire a la luna
y en este momento
no estoy para la luna
la luna es para
antes o después
y en un final
que me importa la luna.
Sigue lloviendo
como serán las gotas
redondas o cuadrados
cuadradas
que no tiene lógica
y que tiene lógica
en esta tierra
en este mundo.
Volvemos al pueblo
los políticos hablan
los militares ordenan
los tribunales juzgan
oímos palabras frases
revolución pueblo
capitalismo socialismo
armas para defenderse
leyes para consolidarlas

¿qué pasa?
luchamos contra
nosotros mismos
o estamos en otro planeta.
Te quiero.
nos queremos
¿quién sabe?
¡pero si aquel
esta muerto!
pregunto
¿quién lo mato?
¿qué sistema fue?
nadie me contesta
todos tienen hambre
unos de estomago
otros de poder
y este es mi pueblo
y este es mi mundo.
Te quiero
sigue lloviendo
allí está la cotorra
allí está el perro
allí está el agila
estarán conmigo
o estarán en mi contra
quien sabe para
donde sopla el viento.
Si las gotas deben
ser redondas
la gravedad
qué extraño
sigo pensando

será un delito
siento miedo
que puedo hacer yo
mejor me olvido de todo
y te sigo amando
mientras continúe lloviendo.

LUCHANDO CONTRA EL VIENTO

Mirando al cielo
luchando contra el viento
la vista se me pierde
en el horizonte
buscando la verdad
de esta vida.
Nacemos y morimos
es monótono
siempre se hace lo mismo
seguimos los deseos del destino
de un destino
el cual no conocemos
y no está
en nuestras manos.
En ese periodo de tiempo
entre la vida y la muerte
transcurre nuestra existencia.
hoy llueve mañana no
el sol y la luna
hacen el día o la noche
es uno o es otro
dos realidades
y yo mirando al cielo
luchando contra el viento.
Se me han caído los dientes
de treinta y dos
tengo quince
no está mal.
Miro a mis hijos

dicen que son la continuidad
de mi vida
será otra novela
con otro escritor
con otros artistas
pero soy feliz
me engaño a mi mismo
pienso y vuelvo a pensar
como se parecen a mí
hablan como su madre
piensan como su abuela
comen como su tío
son mis genes
porque ya no estoy solo
ahora tengo genes
que vida más interesante
con un final tan triste.
Mientras continúe viviendo
buscando una verdad
que quizás exista o no
y ya en el ocaso de mi existencia
siempre estaré
mirando al cielo
y luchando contra el viento.

MI PAN

Aquel rayo de luz
entro y me quito
mi pan
me quede
con las manos vacías
todo fue tan rápido
que en un instante
ya no era nadie
pero no estaba solo
el hambre
vino a acompañarme
como una enfermedad
no deseada
que comienza en el estomago
y termina en el cerebro.
Teniendo la necesidad
de comenzar de nuevo
con una cama de tierra
con un techo de cielo
increíblemente feo
en contacto directo
con la naturaleza
que horrible
que frustrante
y para empeorar mi situación
estábamos viviendo
tiempos de revolución
que los buenos
luchan contra los malos

la globalización
el espacio en nuestros pies
la ciencia avanzando
con medida o sin medida
la era de la tecnología
la era de la biotecnología
la era de la nanotecnología
y a mí me quitaron
mi pan.
Vestido con mi hambre
le pido a Dios
con todas las fuerzas
de mi corazón
que no aparezca
un ser brillante
con la idea de clonarme
porque lo único
que necesito
lo único que deseo
es que me devuelvan
mi pan.

LOS PÁJAROS NEGROS

Se fueron los pájaros negros
el pueblo esta desierto
el polvo como montañas inmensas
cubre todo lo que había sido
juventud y belleza.
No había sobrevivido nada
hasta los insectos
poco a poco
se habían extinguido
es un pueblo fantasma
pero sin fantasmas.
Que sucedió como ocurrió
cientos de teorías
vagan por los aires
sin que ninguna sea aceptada
en el cementerio
se encuentra un lapida
con una inscripción rara
como es ella misma
gris y redonda que dice:
Aquí yace en su morada eterna
el hombre que nunca existió.
Todos los humanos
crean su pasado
y al pasar los años
lo enriquece
con sus propias mentiras
con realidades que no existieron
que han ido creando

para no entender
que ellos
de esa forma o manera
nunca ha vivido,
será la tumba
de alguno de esa especie
que abundaron en este pueblo
o quizás esta vagando
en otras latitudes
sin comprender
que ya se han ido
los pájaros negros.

EMPEZAR ANDAR

Si supieras
que difícil fue
pararme en mi tumba
y empezar andar
con la idea fija
de tener que olvidarte
si comprendieras
todo lo que tuve
que borrar
de mi mente
para poder mirar
hacia un horizonte
donde tú nunca
ya volverías a estar.
Si miraras hacia el pasado
minuto tras minuto
día tras día
y vieras mi imagen
leyeras en mis ojos
la alegría
el sufrimiento
de mis entrañas
de llegar
de ser
de no estar
si pudieras entender
porque te ame
con un deseo
fuera de lo normal

buscando en el infinito
la justificación
que nunca te iba a olvidar,
que mis labios temblaban
al contacto de los tuyos
que mis ojos brillaban
en el entorno de tu cuerpo
y todos esos sentimientos
¿para qué?
si tú acabaste
con mis ilusiones
una y mil veces
tu imagen arrogante
perdiéndose en tu realidad
en la cual yo
no estaba más
y yo
como un poseído
viviendo de tu recuerdo
con tu cuerpo a mi lado
sintiendo un calor
que siendo calor
ya estaba frio
el cual tenía
y tuve que olvidar.
Cuando mires hacia atrás
y veas mi tumba vacía
esa misma que tu
con tu indiferencia
ayudaste a cavar
no pienses que no te quise
porque fui lo suficiente fuerte

para pararme
y empezar andar.

RUMBO

Aquí estoy compartiendo
la soledad conmigo mismo
todo a mí alrededor
tiene movimiento
en todos los sentidos
y yo tan ausente
tan lejano
mirando el cielo
sin un color definido.
No pienso
porque pensar
es recordar el olvido
aquello que esta vivido
en el sepulcro de los años
que no palpita
que no gime
que solo se pierde
en el horizonte
para decirme
estas aquí
aquí tienes que estar
no hay salida
esa puerta
grande o chica que llaman
el triunfo
el amor
la locura
el ansia
para ti está cerrada

perdiste la llave
perdiste el rumbo.
Hoy me cae un día
como mañana me caerá otro
y así como la lluvia destruye la roca
el hambre al pobre
la muerte a la vida
así me veo mirando al cielo
preguntándole al viento
¿cuál es mi bando?
lluvia hambre o muerte
pobreza o vida.
Hoy hace frio mañana calor
hoy hace calor mañana frio
y yo con la misma figura
sintiendo mi indiferencia
con una mirada opaca
con una boca muda
con mis oídos sordos.
Por la calle sin arboles
caminando caminando
toque la tierra
con mis manos sin fuerza
sentí asco
asco de no haber vida
de estar seca muy seca
mis dedos limpie
con mi piel marchita
limpio no quedaron
la suciedad la llevo por dentro
entro en mi sin saber como
aquel lejano día

que perdí el rumbo
que deje mi patria
y me convertí en mi esclavo.

SOMOS NOSOTROS MISMOS

Me dicen mentiras
me restringe la verdad
una verdad que no existe
y si existe
no se comprende
la tienen ellos o la tengo yo
quizás todavía no ha nacido.
Puede ser que la humanidad
este bien intencionada
proteger al indefenso
ayudar al prójimo
sentirnos como hermanos
para amar sin ser amado
porque tanta falsa
porque tanto engaño
si al final los malos
somos nosotros mismos
si la tracción la llevamos
en nuestra sangre
si estamos destrozando
nuestro presente
sin tener un futuro.
Por culpa de quien,
quien es el culpable
de nuestra desgracia
de nuestro odio
de nuestro inmenso vacio
quien sino
somos nosotros mismos

porque culpar
al asesino sin armas
el muerto sin cuerpo
al pobre sin esperanza
al sistema sin rostro
al fanático creyente
si todos somos
de carne y hueso.
Porque nos complicamos
mirándonos con ojos de asombro
si no entendemos nada
mientras navegamos
en un mar de mentiras
buscando culpables
cuando los culpables
somos nosotros mismos.
Porque tratar de pescar
en ese inmenso mar
que nos separa
al pájaro del cielo
si solamente hay un culpable
que no soy yo que no ere tú
que es la bajeza y la envidia
con que hemos vivido
no hay duda no hay error
estamos luchando
como asesinos malditos
mientras nos olvidamos
que somos de carne y hueso
que somos nosotros mismos.

ESA ES TU VIDA

Dos puertas casi juntas
casi iguales
con la misma llave
con distinta cerradura
el triunfo o la derrota
una línea para probar
personas y más personas
tratando de entrar.
Un viejo sordo y ciego
repitiendo repitiendo
no importa la puerta que abras
las dos llevan a la derrota
ya que el triunfo es intermitente
se intercambian como
la luna y el sol
sus palabras me chocaron
de forma brutal
un perro me ladro
un hombre me empujo
abrí una puerta
comencé a caminar
por un terreno agreste
feo y confuso
las noche y los días
duraban minutos
o quizás segundos
cargado de ilusiones
soportando su peso
mis pasos eran pequeños

para mis sueños grandes.
Una cortina inmensa
con fantasmas de adornos
bloqueaba el camino
no fue difícil pasarla
y para sorpresa mía
me encontré
con el viejo de la entrada
le ensene mis riquezas
es ciego
le hable de mis gloria
es sordo
él no comprendía
solamente se rio
y hablando en voz alta
como si lo oyera el cielo
me dijo
nada de lo que tienes
es cierto
ya llegaste al final
no importa lo que tengas
la muerte siempre encontraras.

COMO VOY A DEJAR DE QUERERTE

Como voy a dejar de quererte
si tú no existes
como voy a pensar en ti
si yo no pienso,
vivirás en mi recuerdo
en ese que perdí
el que no encuentro.
Trate de olvidarte
y me olvide de mí
perdiéndome en los años
sin saber
si ya he nacido
o ya he muerto.
¿Dónde estoy?
¿dónde he ido?
¿porqué la tierra
no me habla?
¿porqué el cielo
no me responde?
Las campanas replican
de luto o de fiesta
no se
seré yo una campana
en la torre de una iglesia
siempre vacía
donde un cura
me pregunta
¿dónde has estado
que has hecho?

y yo soñando
como si lo único que
existirá fuera el viento.
Soy eterno
porque tengo alma
¿por dónde estará mi alma?
en mi cuerpo
o fuera de mi cuerpo
quizás nunca tuve alma
pero te tuve
fuiste mía
ya estoy seguro
tú debes haber sido
mi alma
dentro o fuera de mi cuerpo.
Que la felicidad no existe
pero si yo fui feliz
fue un día de esos
en que hubo
mucho sol o ninguno
donde sentí frio o calor
no importa
tú estabas
como no iba a ser feliz
y ahora en este momento
dejo mi cabeza
sobre una silla
caminando hacia la puerta
convertido en dos masas
o dos bultos
en una inmensa casa
que no es tal casa

porque es
y siempre serás tú
me pierdo
me pierdo
para no comprender
ahora y nunca
si ya he nacido
o ya he muerto.

MILLONES DE BRAZOS

Llego la revolución
los pobres están en el poder
igualdad social
todos somos iguales
como gotas de agua
estaremos moviéndonos
en un mar de ilusiones.
No más hambre
no más opresión
será una nueva religión
habrá llegado el nuevo mesías.
Los pobres están en el poder
ya esto no es mío
ya esto no es tuyo
ya esto es de todos.
Empezamos a soñar
empezamos a confiar
el sol está más brillante
la luna está más hermosa
la sierra palpita en el llano
somos felices
promesas y más promesa
no habrá cárcel
no habrá represión
¿armas para qué?
estamos de luna de miel
con la revolución.
Los pobres están en el poder
los pobres continúan en el poder

los pobres que ya no son tan pobres
mantienen el poder,
retrocedimos retrocedimos
ya esto tiene un nombre
que no es el tuyo ni el mío
ahora es del pueblo
abstracto e inconmensurable.
Y allí esta
ese que se volvió viejo
hablándonos de igualdad
ese que se volvió viejo
hablándonos de sacrificio
ese animal con cara de verdugo
esa hiena con garras de bala
matando matando
dividiendo dividiendo
nos ha hundido en un pantano
donde todos somos enemigos
ya no creemos en nadie
ni nadie cree en nosotros.
Todos somos líderes
todos estamos enfermos
no hay nadie sano
ahí está su triunfo
pudo destruir ricos
crear nuevos ricos
destruir clases
crear una nueva clase
continuar mandando
matando odiando
y nosotros aquí y allá
mil veces divididos

pensando en ser lideres
en un país destruido
donde se odia a los líderes
como ha su propia muerte.
Yo no quiero revolución
yo no quiero caminar
por sistemas trillados
que nunca han pensado
que el hambre
es un problema humano
yo solamente quiero
igualdad libertad
unión y más unión
para volver a ser robusto
para volver a creer en mí
para volver a creer en todos
y tener un fusil
un solo fusil
sostenido por millones
de brazos
que lanzara la metralla
borrando de la faz de la tierra
a toda esta inmundicia
a toda esta mentira
a todo este engaño.
Venga de donde venga
vaya a donde vaya
la libertad será nuestra
si no mantenemos unidos
ya que la victoria
estará a nuestro alcance
porque solamente necesitamos

un solo fusil
y millones de brazos.

CAMINO SIN FUTURO

Empecé a caminar
por el camino del triunfo
ya estando agotado
por mis pasos largos y rápidos
cuando de repente
me encontré en el medio
del camino
con un árbol frondoso
que me impedía el paso
pero no me detuve
lo empuje con todas
mis fuerzas
no se movía
lo intente cientos de veces
con el mismo resultado.
En eso paso por mi lado
un perro grande
con cuatro patas
rabo y dientes
le dio la vuelta al árbol
y siguió su camino.
Que perro
a pesar de su estampa
era un perro muy inteligente
así que lo imite
y cuando me acerque
al árbol por la derecha
se movió
y se interpuso

en mi camino
lo intente por la izquierda
se interpuso
en mi camino
ya estaba desesperado
cuando el árbol
mirándome con todas sus hojas
me dijo:
—Tú eres de las personas
a la que le está prohibido
el uso de este camino
tu mente avanza y retrocede
eres así, acéptate como eres
y no te desamines
que yo te voy a premiar
con otra opción
conviértete en una piedra
para que nadie te patee.
No me quedo otra alternativa
ahora soy una inmensa piedra
roja negra y blanca
en el medio del camino
no permito como el árbol
que nadie pase por él
ni avanzo ni retrocedo
me desplazo solamente
hacia los lados
y en ese estado
de izquierda centro y derecha
me siento triunfador
matando las ilusiones
de las personas

que algún momento
pensé como ellas.
Me estoy matando
a mí mismo
pero no importa
soy una barrera
para el avance de la humanidad
o sea soy un ser despreciable
de piedra que nunca
nunca seré feliz

MI ÁNGEL CHINO

Estaba hablando
con mi conciencia
cuando se apareció
un ángel chino
me sorprendió
pero el me explico
que habían
ángeles asiáticos hindú
indios negros blancos
de todas las razas
ya que el paraíso
es multirracial.
Eso de tener un chino detrás
no es de mi agrado
pero es un ángel
y un ángel chino
no está contra mi fe.
Mi ángel chino
no puedo decir ángel solo
será que no lo acepto
será que lo repudio
mi conciencia me explica
que tener un ángel
es estar más cerca de Dios
que estamos por el buen camino.
Mi ángel chino
me explico que está aquí
para enseñarme
a ser multicultural

ya que el vida eterna
me podre desenvolver
con todas las almas
con las que voy a convivir.
Fui un alumno aceptable
pero qué difícil es comer
con palitos chinos
pase la prueba
aprendí a comer de todo
al estilo asiático
a vestirme a comportarme,
mi ángel chino me explico
que no me ensenaría el idioma
por la barrera de mi inteligencia
en otras palabras me dijo bruto
mi ángel chino me dijo bruto
eso me molesto
me puse furioso
qué manera de ensenarme
qué manera de humillarme
rompí los palito
y lo mande a casa del diablo
¿de qué raza es el diablo?
no lo sé.
Mi conciencia
me reprocho
que será de nosotros
en ese paraíso multicultural
seremos un alma en pena
sin amigos ni compañeros
tiene razón mi conciencia
y ahora estoy pidiendo

estoy esperando
que Dios me mande
un nuevo ángel
no importa
que sea multicultural
y que se apiade de mí
y me acepte confesado.

LADRABA Y LADRABA

Aquel perro
ladraba y ladraba
miraba a la puerta
y ladraba y ladraba
estaba preso
en su propia cárcel
encerado en tres paredes
o en cuatro paredes
o quizás en un círculo.
Aquel pobre perro
que de pobre no tenía nada
rico e influyente admirado
por sus conocidos
y desconocidos
se enceraba en su riqueza
y ladraba y ladraba
con una fortaleza
que hacía temblar su casa
demostrando quien era
que era el dueño
señor de sus haciendas
de sus negocios.
Los ratones huyeron
los gatos escaparon
los hijos abandonaron el hogar
como huyendo del infierno,
mientras el continuaba
ladrando y ladrando
a la puerta

con el miedo
a la soledad
que sus ladridos
no ahuyentaba.

NI REAL NI INVISIBLE

Hablando con mí conciencia
después de mucho meditar
se me ocurrió una gran idea
la llave invisible
para abrir
la puerta invisible
qué gran avance
qué gran triunfo
pasare a la historia
como un ser iluminado.
Ser famoso es complicado
la prensa la radio
todos me buscan
quieren el contacto
con una mente superior
de vez en cuando
surge un escéptico
por aquí por allá
que no cree
que no comulga
con mi invento
pero la propaganda
lo aplasta
lo destruye
le pega con la llave
y lo encierra con la puerta.
He triunfado
soy invitado
a fiestas a conferencias

mujeres que me admiran
pueblos que me adoran
no cabe la menor duda
soy un innovador.
Mi conciencia me exige
que debo continuar transformando
sigo sus deseos
y comienzo a general en grande
creo la comida invisible
no más hambre
el libro invisible
sabiduría total
el médico invisible
salud perpetúa
el político invisible
honradez constante
el policía invisible
derechos inviolables.
Todos son avances
para la humanidad
pero mi conciencia
me reta
continúa continua
así que quiero lograr
algo más impresionante
algo que trasforme
la existencia
en su máxima expresión.
Con todos mis conocimientos
con todos mis recursos
invento el cerebro invisible
qué gran error

qué gran fracaso
me hundí en el lodo
de la ignorancia
ya que este mundo
y atreves de la historia
lo que más ha existido
son personas sin cerebros
no había nada que transformar
porque como tontos
ovejas o carneros
han pasado y están pasando
por la vida
sin dejar una huella
y mucho menos un suspiro
pérdida total gasto humano
como yo
que ya no soy
ni real ni invisible.

A TODAS PARTES VAN

Hablando con mí conciencia
hoy discrepamos
que los perros
tienen cuatro patas
y me dice que no siempre
que hay perros con dos patas
son perros humanos
una especie que abunda
que se puede ver
por todas partes
a todos hora
que ladran que muerden
y hasta pueden ser cariñosos
lucir indefensos y nobles
se parecen a las ratas
que te muerden
te infestan te destruyen
que animal más extraño
rata–perro-humano.
Mi conciencia
me siente incrédulo
pero me ignora y continúa
hay miles millones
vestidos con trajes
vestidos con camisas
siempre cubiertos
ya que no pueden estar
en su estado natural
desnudos

porque su piel los identificaría
pueden tener dos pies
diez pies o cien pies
pero ellos prefieren arrastrarse
como las serpientes
que animal más extraño
pienso
serpiente-rata–perro-humano.
Eso no es real
no me convence
pero si abundan
con sus dientes
con sus garras
con su veneno
destruyendo la vida
enfangando la moral
convirtiendo nuestra existencia
en una miseria
en una podredumbre
en una pestilencia
no los ve
o no los quieres ver.
Me pongo a pensar
en ese animal
serpiente-rata-perro-humano
qué triste que doloroso
mi conciencia tiene razón
si están en todas partes
y a todas parten van.

SI YA NO EXISTIMOS

Es de noche
no hay luz en el cielo
un viento frio
ronda en la tierra
se nos ha perdido el sol
ya no encontramos la luna
el mar no es más azul
no más verde
no más gris
no hay colores.
Ya no veo nada
todo está perdido
de forma increíble
fue una explosión
o una implosión
que se creó en nuestras mente
destruyendo nuestros cuerpos.
Que es imposible
que no éramos tan estúpidos
pero lo fuimos
las ambiciones
el poder desmedido
todos luchando por el bien
mientras caminamos con el mal
la ciencia el desarrollo
con su palpitar de adelantos
nos minimizo con sus maquinas
llevándonos a una lucha
entre pensar y no pensar

recibir órdenes
cumplir órdenes.
No hay llantos
no hay risas
vagamos por el infinito
¿hacia dónde vamos?
como lo vamos a saber
si queremos ignorar
cuando empezó
nuestra autodestrucción.
Siempre supimos
que comer es importante
pero nos olvidamos que
comer todos es más importante,
siempre creímos
en un mundo mejor después de la muerte
y mientras tanto convertíamos
este vivir más miserable
por eso estamos
preguntándonos sin respuestas
porque lo hicimos
como lo logramos
si ya no existimos.

LA VIDA

La vida
que inmensa y que corta
es un error morir
es titánico
luchar contra
las calamidades
de este mundo
internas o externas,
con nuestro débil cuerpo
ganando ganando
pequeñas batallas
contra cientos de enfermedades
que nos asechan
a cada instante
en todo momento.
Pasar horas y días
estudiando
el comportamiento humano
las leyes del universo
porque reímos
porque sufrimos,
mientras crecemos
nos vamos realizando
incubando el germen
de la destrucción
que crece y crece en nuestro cuerpo.
Todo lo que se ha aprendido
se pierde
todo lo que se ha sufrido

no es nada
antes lo que nos espera
en los últimos días
al enfrentar la muerte,
se pierde la dignidad humana
nos convertimos en seres
indefensos lentos
siempre enfermos
por el peso de los años
perdemos nuestra inteligencia
volvemos a la niñez
triste muy triste
nos transfórmanos de tal manera
que damos lastima.
Porque llorar
por lo que estamos perdiendo
si ha habido un error
es el haber nacido
y si ha habido un castigo
es el de haber vivido.

DE ARRIBA HACIA ABAJO

Me puse a mirar el mundo
de arriba hacia abajo
en mi sillón de terciopelo,
que importante es tener
un sillón de terciopelo
solamente lo comparto
con mi perrito de clase.
Allá abajo
gritan y lloran
no saben vestir
porque no tienen gusto
no saben oler
porque no tienen olfato
no saben tocar
porque no tienen tacto
caminan extraños
parecen no tener zapatos
se parecen a mí
pero no somos iguales
mirándolos bien
no se parecen a mí
yo tomo champan
como carne
canto rio y juego
tengo la llave
del dinero, del oro y la plata
tengo cuadros perfumes y seda
y un lugar en el cielo
con mi sillón de terciopelo

y mi perrito de clase.
Los que no tienen nada
son feos y malformados
no conocen
ni a Sócrates ni Ulises
y mucho menos
a Mozart o a Cervantes,
como puede malgastar
sus días solo pensando
en la comida
si ni tan siquiera conocen
la comida francesa
y mucho menos la alemana.
En mi palacio
vivo las glorias de mis días
nunca moriré
no tengo necesidad de eso
y si mi cuerpo fallece
mi alma mi gloriosa alma
se elevara hacia los cielos
en una cita con su gloria eterna.
Sentado en mi sillón de terciopelo
con mi perrito de clase
me estoy arrepintiendo
de haber tenido
el mal gusto de mirar
de arriba hacia abajo.

DE ABAJO HACIA ARRIBA

Me puse a mirar el mundo
de abajo hacia arriba
qué triste es cuando
se es pobre
pero más triste es
cuando el pobre piensa.
Porque no perdí el celebro
si perdí el gusto
si perdí el olfato
si perdí el tacto
que injusto es nacer
y no tener nada
y para más tristeza
continuar pensando.
Mi estomago
cada día más pequeño
se asusta se contrae
dependiendo de la
intensidad de mi hambre
porque tengo hambre
un hambre
que a la sociedad no le importa
con la que he vivido
atreves de mis años
que me ha acompañado
en toda mi existencia
para celebrar en mi muerte.
Muchas personas me dicen
que hay vida después de la muerte

trato de creerles
pero mi estómago
no me lo permite.
Me están mirando desde arriba
con desprecio y frases estúpidas
que si en la carrera
de la vida llegue de último,
pero es que ellos no entienden
que yo no corrí
que yo no tenía fuerzas
que mis pies
sin zapatos
sin dedos ni uñas
no podían avanzar
y menos retroceder
que estoy estático
clavado en el fango
de la miseria perpetua
con mi estómago en movimiento
de aire y sentimientos
y quizás cometiendo
el atrevimiento de mirar
de abajo hacia arriba.

TE BUSQUE

Te busque
en el murmullo de las olas
en las gotas del roció
te busque
en el reverso de mi pupila
en la línea de mi mirada
buscándote en todo momento
debajo de las rocas
debajo de mi almohada
donde el tiempo
no importaba,
te busque
en el diario de mi vida
entre las páginas vacías
o medias escritas
con sus renglones inconclusos
con sus palabras cortadas
te busque
siempre con fuerza
anhelando la felicidad en tus ojos
que serian míos
para que al final del camino
mi búsqueda fuera inútil
ya que tú jamás
te escondiste de mí
porque para ti
yo nunca he existido.

SONARON LAS CAMPANAS

Sonaron las campanas
de la iglesia hermosa
llamando a sus
feligreses puros
para comenzar
la misa del día
sonaron las campanas
al paso del carro fúnebre
y volvieron a sonar
en la boda de la virgen
sonaron las campanas
cuando el rey murió
y volvieron a sonar
cuando el nuevo llego.
En aquella mañana alegre
donde te tuve en mi cama
cuando toque las nubes
con mis suspiros
de gloria
en aquella mañana alegre
donde nuestro amor
corrió por el rio
mientras nuestro ojos
se llenaban de lágrimas
brillando con la felicidad
de los deseos cumplidos
en aquella mañana alegre
que nos convertimos en uno

tapándonos con nuestra piel
nuestros cuerpos desnudos
en aquella mañana alegre
las campanas no sonaron
siempre estuvieron muda.

ANÉCDOTAS DE MI PUEBLO

Nací y me crie en un pueblo muy pintoresco, aunque todos los pueblos tienen algo de pintorescos a no ser que sean pueblos fantasma los cuales también tienen su historia. Un parque grande rodeando a la iglesia, con el cine en un costado, heladería, restaurantes, todas las actividades recreativas estaban relacionadas con el parque era el centro del pueblo por donde pasaba la calle principal, el parque estaba dividido por zonas, los que hablaban de deporte siempre se concentraban en la parte este del parque, la acera del pecado frente al cine donde las jóvenes con sus mejores vestidos y sus maquillajes más llamativos le daban brillo a las noches claras, en los bancos al costado de la iglesia se le conocía por la esquina de las mentiras ahí se contaban historias y anécdotas que podían ser calificadas de creíbles o increíbles. Mi pueblo aunque era pequeño tenía mucha vida como estas historias o anécdotas que les voy a contar, son las mismas de las que se habla en los pueblos medianos o grandes, quizás Ud. las conozcan de oídas o otros escritores que las han plasmado en algún libro olvidado o no, de las experiencias cotidianas que forman partes de nuestras existencia así que alguna le serán familiares y otras no. Espero que sean de su agrado, aclarándoles que no todas salieron de la esquina de las mentiras, que las disfruten.

EL PÁRROCO DE LA IGLESIA

Aquella tarde al regresar a mi casa mi esposa me comento que el padre Joaquín nos fue a visitar dejándome el recado que fuera a verlo a la iglesia lo más pronto posible. El padre Joaquín es una gran persona, muy dedicado a sus feligreses siempre sacrificándose para ayudar a los más necesitados un ejemplo de bondad, de nobles sentimientos.

No tenía deseos de ir a verlo sentía una gran vergüenza, con una tristeza que me estrujaba el corazón por la situación en la que estaba viviendo pero no podía quedar mal con ese ángel bajado del cielo. Cuando llegue él me recibió de lo más atento con mucho cariño pero sin perder el tiempo me pregunto porque ya yo no iba a la iglesia con mi esposa e hijos. Pensé mentirle pero no se lo merecía así que honestamente le dije en pocas palabras lo que me sucedía:

—Padre me he enamorado de la niña Mercedes, que ya no es tan niña sino una mujer en toda la extensión de la palabra con todos los atributos de su hermoso cuerpo y ella siempre está presente en todas las actividades de la iglesia.

El me miro con ojos llenos de misericordia diciéndome:

—Que eso no era razón para alejarme de Dios ni de su iglesia que mis convicciones de creyente y mi fe tenían que superar todos los obstáculos que siempre encontraría en la vida, que lo tomara a él por ejemplo, el también estaba enamorado de la niña Mercedes y sin embargo seguía siendo cura.

¿Tiene la razón el cura?

EL ECOLÓGICO

Esta es la historia que nos contaba Luis con su pata de palo. Toda mi vida ha estado centrada en la defensa de los animales siempre luchando por el equilibrio ecológico para salvar a esos indefensos animales en peligro de extinción, defendía a esas criaturas como puedo defender a mis propios hijos. Los animales salvajes por este desarrollo sin control de nuestra sociedad están en su gran mayoría en la etapa de desaparecer de nuestro mundo. Los leones, leopardos y elefantes por solo nombrar algunas de las especies más perjudicadas si no tómanos medidas solo se podrán ver en fotografías. Tome una decisión muy importante en mi vida y me fui a la selva para encontrar la forma de parar esta masacre sin sentido. Aquella noche en el medio del camino rodeado de arboles hermosos se me apareció un león hambriento cerca del pozo de los milagros como el que hay en mi pueblo que había salvado a mi gente de la sequia de los mil días sin lluvia con olor a tierra seca, aquel león muy fiero dio un salto felino y en un instante me ataco y de un solo mordisco se fue con la mitad de mi pierna, empecé a sangrar de forma incontrolada no sé porque me orine, entre el miedo al dolor y mi impotencia maldije y volví a maldecir la ecología como el mal de nuestros días.

¿Tiene Luis la razón?

EL CRIADOR DE CERDOS

Ahora hablare sobre Cruz, este individuo aunque tenía ese apellido no comulgaba con ninguna religión quizás sus antepasados fueran miembros de la Orden de la Cruz y de ahí había surgido su gentilicio. El se dedicaba a criar cerdos, tenía muchos conocimiento sobre el negocio con una cantidad de puercos bastante productiva, pero su punto fuerte eran las mujeres según contaba el había tenido relaciones con todas las mujeres del pueblo como novias o amantes, solamente se salvaban de su mala lengua las mujeres de su familia porque en honor a la verdad él nunca había cometido incesto. Por ese comportamiento no era muy querido en los alrededores y sus amigos eran inexistentes.

Siempre hay personas inquisitivas que le preguntaban:

– ¿Cuantos amigos tienes hoy?

El tocándose su bolsillo derecho contestaba:

–Hoy tengo noventa amigos, ayer tenía setenta amigos y mañana si vendo dos puercos que estoy negociando tendré doscientos amigos, los cuales como mis almas gemelas estarán en mi billetera.

¿Tiene Cruz la razón?

EL BUEY DE ORO

Este era una persona con una fortuna considerable llamado Mauricio, pero cuando las personas se dirigían a él le llamaban Don Mauricio no estaba en la lista de los hombres más ricos del mundo pero si estaba en la lista de los más ricos del pueblo. Cuando los habitantes del pueblo se refería a él lo llamaba el Buey De Oro por su capacidad de incrementar su fortuna la que no podía disminuir bajo ningún concepto aunque tuviera que luchar en contra de su propia familia, todos sus actos tenían la maldad de devorar a sus competidores, empobrecer a sus adversarios económicos, a los políticos los manejaba de forma magistral, alcaldes y senadores bailaban con el peso de su cuenta de banco. Como se han dado cuenta este ser sentía un gran desprecio por las personas que le rodeaban y los que estaban en contra de él al poco tiempo los hacía abandonar el pueblo, era un rey sin reinado pero con mucho poder. Le gustaba cada cierto tiempo ir a la taberna El Gato Alegre para tomarse unos tragos y en ese lugar entre tragos y tragos José el limpiabotas del pueblo que no tenía nada que perder, ya que este personaje ni siquiera se daba el lujo de pagarse la limpieza de sus zapatos con el dinero que tenia, se tomaba la libertad de hacerle alguna broma. Un día le dijo:

—Don Mauricio, Pedro anda por ahí hablando muy mal de Ud., dice que Ud. es un avaro, un mezquino que no le da ni un vaso de agua a un muerto.

El Buey De Oro lo miro fijamente y sin inmutarse le contesto:

—Eso es mentira José, Pedro no puede hablar mal de mí porque yo nunca le he hecho un favor, el no tiene que agradecerme nada nunca lo he ayudado así que no tiene motivos para odiarme y mucho menos para criticarme.

¿Tiene la razón el Buey De Oro?

PEPE EL HERMOSO

En mi pueblo también teníamos a un poeta que incursionaba en casi todas las arte, Pepe El Hermoso, era un soñador a tiempo completo, cuando no estaba pensando se entretenía con su rutina de ejercicio, su físico era muy atlético y su cabello blanco no representaba ninguna edad porque desde muy joven las canas abundaban en su copiosa cabellera, mantenía una frescura en su rostro con una conversación muy amena siempre se convertía en el más hablador del grupo que lo rodeaba. Pepe el Hermoso era conocido como escritor y poeta con una gran afición por la música tocaba la guitara y el saxofón, el vivía para el arte, su mente viajaba por el infinito tratando de buscarle un sentido a su existencia, a sus ideas, a sus inquietudes; lo único que lo ataba a la realidad de sus días era su esposa y sus tres hijos adolescentes. Con esta breve descripción este sujeto reunía los requisitos para ser una buena persona con la cual siempre se podía pasar un buen rato agradable. Su único defecto si eso es defecto es que no comulgaba con el deseo de trabajar, para él esa actividad era muy mundana, era un buen electricista pero eso no lo ayudaba mucho porque huía del trabajo como se huye de la muerte a la que nunca se quiere encontrar. Su esposa era la que suplía las necesidades económicas de la familia con su trabajo de maestra, ella estuvo ahorrando durante meses para comprarse una cama nueva para haber si concebía un nuevo hijo o mejor dicho una niña ya que tenían tres varones y ella estaba muy ilusionada por tener una hembra.

Pepe cuando se percató del dinero ahorrado de su esposa, el arte lo llamo, era el momento de cumplir con un sueño no olvidado así que sin pensarlo dos veces se compro un piano, de lo más contento llego el hermoso con su piano a su casa pero la alegría le duro muy poco porque al darse cuenta su esposa que lo había comprado con sus ahorros, que había perdido su cama y su cuarto hijo monto en tan furia que con una brutalidad casi salvaje le rompió la guitarra en su espalda, incrustándole la cabeza en el piano.

Pepe el Hermoso muy adolorido solamente dijo:

—Que dura e incomprendida es la vida de un artista.

A lo que su esposa contesto

—Más dura e incomprendida es la vida de mantener a un artista.

¿Tiene la razón la esposa del hermoso?

EL FANTASMA

En la historia de mi pueblo había una que no se me puede olvidar la del fantasma del cementerio. Gonzalo una persona muy seria, respetable que tenía su finquita colindando con el cementerio en la cual vivía con su hija Fefita, en una noche muy oscura contaba Gonzalo vio un fantasma entrando al cementerio, cuando hablaba sobre lo que había visto muy pocos le creían. Una noche se encontraron Rodobaldo y Marcelo en la taberna El Gato Alegre y después de tomarse unos tragos decidieron ir a cazar el fantasma, llegando cerca de la entrada del cementerio lo vieron caminando entre las tumbas, ellos empezaron a perseguirlo y el fantasma cuando estaba llegando al final del cementerio se detuvo comenzando a correr hacia ellos como una mancha blanca como la luna llena sosteniendo entre sus manos una guadaña inmensa, como ellos estaban desarmados regresaron corriendo a la taberna formando tal algarabía que despertaron a medio pueblo, la habitantes empezaron a preocuparse ya que no era solo un fantasma sino que también estaba armado. Bartolo el brujo del pueblo como era sabido hacia sus trabajitos espirituales en el campo santo no volvió aparecerse por ahí ni aunque sus clientes se lo pidieran. Otras personas corroboran los hechos afirmando que vieron el fantasma en el cementerio en las noches más oscuras pero no se acercaron a el por miedo a la guadaña ya que temían por sus vidas. Mientras los residentes evitaban salir de noche legos de sus casas, la hija de Gonzalo, Fefita se casó con Miguelito el hijo del zapatero en una boda muy apresurada y a los cinco meses de matrimonio tuvieron una niña hermosa como eran ellos. Ya el fantasma no apareció más en el cementerio desde la boda de la hija de Gonzalo pero ya si tenía un nombre ahora era conocido como el Fantasma de Fefita.

¿Volverá a salir el fantasma de Fefita?

EL BOTICARIO

El boticario era un profesional en toda la extensión de la palabra, siempre muy servicial y dispuesto a ayudar a los enfermos. Como no teníamos ni un médico a veinte kilómetros a la redonda era nuestra única opción para sanar nuestras enfermedades, con sus jarabes milagrosos que era lo generalmente más recetaba algunos sabían a menta otros a aceite de bacalao y la gran mayoría tenían un olor y sabor a rallo que para tomárselos había que taparse la nariz, cerrar los ojos y sin olfato ni vista engañar al paladar con el deseo de curarnos.

En una mañana lluviosa llego a la botica Rogelio, el cual se había comido una cantidad ilógica de guayaba y estaba padeciendo de un estreñimiento agudo con un intenso dolor en los intestinos. El boticario le preparo un jarabe con las instrucciones de que cuando llegara a su casa se tomara dos cucharas grandes y después cada seis horas se tomara una cucharada pequeña hasta que diera de cuerpo.

Rogelio siguió las instrucciones y al siguiente día por la noche le comenzaron unas diarreas que lo pusieron al borde de la muerte. Esa situación se rego por el pueblo y era el comentario del momento, todos estaban al tanto si Rogelio entraba o salía del baño. El pobre Rogelio estuvo tres días entre el baño y la cama luchando contra las diarreas y con unas hemorroides que le dolían más que su pasado dolor de estómago. Rogelio quería matar al boticario por lo que estaba pasando, el boticario al enterarse de lo que estaba ocurriendo preparo una pomada para las hemorroides enviándola a casa de Rogelio lo más rápido posible con su mensajero cojo, eso fue un gran alivio para el enfermo ya que las hemorroides se curaron así que con ese gesto y que no le había cobrado la medicina lo fue perdonando atreves que pasaban los días.

¿Volverá a recetar el boticario ese jarabe?

EL FUNERARIO

El funerario es un hombre que empezó su negocio siendo pobre, vendiendo unas cajas de muerto que parecían cajas de bacalao las cuales asustaban hasta los propios difuntos, pero la situación mejoro y construyo hasta una nueva funeraria con todos los servicios posibles a las necesidades de nuestro pueblo, ya los cofines eran más hermosos ya no asustaban ni a los muertos parecían camas personales cómodas y limpias las cuales nadie quería usar. El estaba ante la gran disyuntiva de incrementar su negocio pero sentía un gran remordimiento que sus ganancias dependían del dolor ajeno y había noches que no podía conciliar el sueño pensando que cuando su negocio estaba vacío perdía dinero y que cuando estaba lleno era su bonanza económica. Así que decidió ir a ver al pastor de su iglesia para contarle su problema. El pastor después de oírlo y ver lo disgustado y lo triste que estaba trato de calmarlo justificando su actuación de esta manera:

—Hijo mío alguien tiene que hacer ese trabajo y Dios te lo ha encomendado a ti por tú fortaleza de espíritu por tus grandes convicciones religiosas. Yo te aconsejo que cuando tengas un cliente ora con todas las fuerza de tu corazón por su salvación y dame su nombre para ponerlo en mis oraciones para que sean perdonados sus pecados, teniendo siempre presente que en el reino del señor se recibe más cuando más se ha dado, así que nunca te olvides del diezmo.

¿Se olvidara el funerario del diezmo?

LA BARBERÍA

La barbería de Vicente no era solamente un lugar para cortarse el pelo, no ahí se hablaba de todo, de política, de deporte, de economía, uno se podía actualizarse de todos los chismes y enredos que sucedían en el pueblo. Vicente se conocía la vida y milagros de todos los residentes; que si Luis no se bañaba, si María había cambiado de novio, que si la esposa de tal fulano le era infiel, que si la vaca de Juan murió de parto, etc... Para que seguir contando si era como un periódico que daba las noticias al momento minutos tras minuto, era un chismoso de carrera graduado en la universidad de los oídos grandes y las lenguas largas.

Vicente estaba más informado que hasta el propio jefe de la policía, el cual pasaba por la barbería de vez en cuando para actualizar sus archivos, anoche se había cometido un robo, le habían robado la gallina negra al viejo Serafín y como no tenía ninguna pista se dirigió a la barbería buscando la ayuda de su confidente. Vicente con cara de investigador privado le dijo que lo más probable era que el hijo del herrero, el cual estaba pasando una situación económica muy crítica fuera el autor del hecho. El jefe de la policía fue a buscar las evidencias en casa del herrero llegando a la hora del almuerzo cuando la familia se estaba comiendo una gallina azada y encontrando plumas negras en el latón de la basura, basado en esas pruebas se llevó preso al hijo del herrero.

El herrero de lo más disgustado y sorprendido se enteró que la pista que llevo al arresto de su hijo había tenido su origen en la barbería, sin pensarlo dos veces fue para allá dándole una entrada de golpe a Vicente tan violenta que le aflojo dos dientes de su dentadura postiza.

¿Seguirá Vicente ayudando al jefe de la policía?

LOS GONZÁLEZ Y LOS GARCÍA

Los González y los Garcias eran vecinos que vivían en la misma cuadra por muchas generaciones, unas familias muy bien llevadas que habían pasado por situaciones difíciles siempre con el apoyo de unos a los otros, ellos estaban muy orgullosos de su amistad sintiéndose como una gran familia.

Pero todo cambio aquel fatídico día en que el perro sato de los González mordió a Jesusito el nieto de los Garcias. Jesusito un niño muy travieso que le gustaba asustar a los perros con solo siete años de edad con su palo de caña brava, con un comportamiento que parecía un diablo en potencia, las familias se enemistaron de tal forma que la policía tuvo que intervenir para evitar males mayores poniendo el caso en manos del juez de paz del pueblo. En el juicio los Garcias acusaban a los González de su gran descuido al tener un perro peligroso y con pulgas en su propiedad que habían puesto en peligro la vida de su nieto. Los González se defendían argumentando que el travieso niño estaba maltratando al perro, aclarando que el perro no tenia pulgas, por lo tanto el infeliz animal había actuado en defensa propia.

El juez tenía que tomar su decisión la cual no era difícil pero podría traer grandes consecuencia ya que las familias estaban bastante belicosas, tomando la decisión de dar su veredicto en cuatro días para enfriar los ánimos de los antiguos amigos.

Al tercer día sucedió algo imprevisto, el perro murió de una infección en sus dientes causada por la mordida que él le había dado al niño. Que decidirá el juez con esta nueva prueba:

¿Sera Jesusito el culpable?

PISTOLITA

Pistolita era un muchacho que tendría alrededor de veinte años el cual padecía de grandes problemas mentales siempre con una pistolita de juguete en su cintura y los bolsillos de su camisa llenos de plumas las cuales no se sabían si escribían o no. No era una persona violenta, no inspiraba miedo, más bien en el pueblo todas las personas lo querían y trataban de ayudarlo con compasión y cariño ya que formaba parte de nuestra historia. Los adolescentes con ese comportamiento errático de la juventud y con una injusticia basada en su escasa experiencia se burlaban de él gritándole pistolita, el sabia cuando se lo decían con cariño o con menosprecio a su persona, para los que lo respetaban él era una persona normal no se ofendía por nada pero para los que se burlaban de él les respondía con una lluvia de insultos y maldiciones las cuales no se deben escribir aquí. En su comportamiento había algo que lo caracterizaba era muy enamorado cuando se cruzaba en su camino una mujer sola y hermosa les decía:

—Dame un meneíto para mí, mueves tu cadera para mí a toda voz para que fuera oído por todas las personas que estaban alrededor, esas mujeres querían desaparecer de la tierra porque todos los presentes se regocijaban por el apuro que ellas estaban pasando, las hacia enrojecerse y caminar lo más rápido posible poniendo distancia entre ellas y el. Esas mujeres le temían pero en el fondo se lo agradecían que él se comportara de esa manera ya que esa actitud las evaluabas como mujeres hermosas merecedoras de un piropo de este personaje tan selectivo. Había otras mujeres a las que él no le decía nada esas lo odiaban sin pensar que no era culpa de él sino de ellas por no provocar ningún sentimiento de admiración por sus cuerpos sin forma y su fealdad pura.

Octavio siempre que se encontraba con Pistolita le compraba comida, iba a los restaurantes y cafeterías pagándole todo lo que él quisiera comer nunca le daba dinero porque él se lo gastaba en dulces y refrescos también le regalaba camisas de dos bolsillos de mangas largas para que pudiera poner sus plumas y sentirse más profesional con su camisa de mangas largas, Pistolita respetaba mucho a Octavio porque él siempre lo protegía de los adolescentes burlones y le suplía muchas de sus necesidades.

Octavio contrajo matrimonio con una muchacha muy hermosa de un pueblo vecino y le advirtió a Pistolita que no se metiera con ella, que la respetara cuando estuviera sola ya que su esposa era muy tímida. Pistolita era muy amable cuando se encontraba con ellos, trataba a la esposa de Octavio con un cariño y un respeto digno de admiración. Una tarde ella iba sola por la calle principal cuando vio que Pistolita se aproximaba hacia ella temiendo lo peor se puso nerviosa y los colores desde el rojo hasta el amarillo le salieron en su bella cara, él se acercó a ella mirándola con ojos de deseos y le hizo esta pregunta:

¿Dónde dejaste al guanajo*?

*Animal conocido en otros países como “pavo”.

INTRODUCCIÓN A LA HISTORIA DE LA FAMILIA ESPINOSA

Para leer algunos de mis cuentos tienes que haber nacido en mi país o conocer su proceso, de no ser así los lectores se perderían entre lo real y la fantasía, entre la locura y el engaño, por eso tratare en pocas palabras dar un vistazo de la situación política y económica en las cuales nos desarrollábamos con el gran desajuste en la sociedad que cada día comprendía menos la situación que estábamos viviendo debido a una terrible propaganda y un miedo a unas leyes que nunca deberían haber existido que como resultado nos inhibían de pensar y cuando pensábamos estábamos fuera de ella. En mi patria con todas las dificultades que teníamos se necesitan cambios y ajustes para buscar una igualdad social pero se puede afirmar que caminábamos por el camino correcto con tropiezos y no tan rápido como hubiésemos querido aunque a lo lejos en la distancia se veían los destello de un país en desarrollo con una sociedad justa y creativa.

Un grupo de mal llamados líderes quisieron acelerar el proceso y el cambio fue tan rápido que no nos permitió analizar si íbamos por el camino perfecto o hacia la dictadura perfecta. Desgraciadamente estábamos viviendo en un régimen militar y todo poderoso que cambio nuestra forma de vivir hasta en los más pequeños detalles. Nuestra moral que se puede analizar que era una moral religiosa fue perseguida y se instalo la nueva moral socialista, la cual nunca creo raíces trayendo como consecuencia que pasamos a vivir en un corto periodo de tiempo sin moral con todos pensamientos y hechos que nos convertían en personas no pensantes.

La economía no estuvo exenta de los cambios, transformándose en una economía donde el pueblo era el dueño de todos los medios de producción pero en concreto nadie era el dueño y eso se volvió en un increíble desastre donde todo empezó a escasear desde los productos de la canasta básica de alimentación hasta artículos tan simples como unos cordones de zapato para nuestros viejos y gastados calzados por sus años de uso, no se encontraban al alcance de nuestras necesidades toallas, sabanas, jabón para bañarse y menos desodorantes esta lista es inmensa así que me es imposible enumerarlos a todos ya que hasta escaseaban los palillos de dientes.

Nos engañaban con el concepto de que éramos libres y todavía no sabemos libres de que.

Con lo antes ya explicados de forma sencilla para que me crean y si no me creen solamente les pido que investiguen, que se informen y no hagan un análisis simple para juzgarme como un mentiroso ya que mi verdad está basada en hecho que la historia no puede negar y si no estás de acuerdo con mis puntos de vistas puedes pensar como es tu verdad si es pura o está llena de conceptos los cuales no as vividos sino que los as aceptados por lo que has leído o has escuchado.

Ahora ya estoy preparado para contarle la triste historia de la familia Espinosa.

LA FAMILIA ESPINOSA.

Esta familia había vivido por muchos años en mi pueblo, ya en estos momentos solamente habitaban la casa María mas conocida como María la gallega y su hijo más pequeño Titi, el cual desde su nacimiento padecía de retraso mental y un sobre peso que ya era alarmante, con una sonrisa perpetua en su rostro que daba una proyección de bondad y felicidad que muchas personas quisiéramos tener, los otros hijos ya tenían sus propias familias, ellos todos continuaban viviendo en el pueblo siempre al tanto de su madre y su hermano.

A la muerte de padre de Titi, él se volvió menos comunicativo perdido en sus pensamientos, extrañando la compañía paterna. Siempre estaba buscando pedazos de madera a la cual le sacaba tiritas y decía que eran palillos de dientes los agrupaba en número de diez los amarraba con un hilito de coser tratándolo de vendérselo a los que pasaban frente a su casa. Muchas personas si se puede decir se lo compraban, le daban unos centavos que no era gran cosa sin embargo Titi se sentía muy contento por esa recompensa a su trabajo. La madre lo miraba con tristeza pero al mismo tiempo muy complacida porque él estaba entretenido y no salía a la calle mientras ella podía controlar su agresiva diabetes con menos preocupaciones.

En la estación de policía todo era distinto como una olla de grillos o mejor dicho una olla de sicarios y asesinos corruptos, individuos sin escrúpulos dirigidos por un teniente que en su cara mostraba todos los atributos antes mencionados, el tenia un gran amigo en un auxiliar de la policía, un viejo mal formado y para colmo con un comportamiento no envidiados ni por sus propios compañeros que ya eso era mucho decir, se llama Melquiades pero se le conocía por Mel, este individuo trabajaba en la panadería pero como casi nunca había harina para hacer pan todo su tiempo de trabajo y el libre se la pasaba en la estación de policía o vigilando a sus vecinos, siendo el orgullo del teniente por los casos que había ayudado a resolver, gracias a su gestión el médico del pueblo estaba preso por hablar mal de la revolución, el barbero por tratar de irse del país, Lusito por evadir el servicio militar obligatorio, Juan por comprar café no en las tiendas del gobierno y así habían varios más que él con mucho argullo había ayudado a ingresar a la prisión. Para el teniente era una necesidad contar con Mel, siempre lo sacaba de ejemplo a seguir, el que más casos habían traído al juzgado con las condenas más largas alcanzadas, eran grandes amigos.

Un jueves por la mañana pasaba Mel frente a la casa de Titi y lo vio muy trabajador haciendo sus palillitos de dientes, preguntándole:

— ¿Que estás haciendo Titi?

El de lo más argulloso le contesto:

— Estoy haciendo palillos de dientes para venderlos.

— Pero eso está prohibido por la ley no me queda más remedio que llevarte preso. Titi se puso muy nervioso y casi llorando llamo a su madre, esta como una leona salto a defender a su hijo y al enterarse de lo que estaba pasando enfrento a Mel con una gran indignación en su cara, argumentándole:

— No sabe Ud. la condición de mi hijo, además él está tranquilo en su casa sin hacer nada incorrecto.

— Eso es lo que Ud. como madre cree pero yo como representante de la autoridad tengo otro punto de vista.

María la gallega al ver que ese ignorante no iba a cambiar de idea le pidió unos minutos para cambiarse de ropa y acompañar a su hijo a la estación de policía.

Mel accedió a esperar que la señora se vistiera pero al ver que se demoraba más tiempo de lo debido le grito para que lo oyera en el cuarto:

—María apúrese

Contestándole ella:

— Espere un momento que me estoy haciendo un análisis de sangre ya que estoy muy alterada y siento que me ha subido el nivel de azúcar, para que el muy estúpido de Mel le contestara:

—Esto es el colmo aparte de tener una fábrica de palillos de dientes tienen un laboratorio medico clandestino en funcionamiento, dos negocios fuera de la ley, llevándose preso no solamente a Titi sino también a su madre.

Cuando llegaron a la estación de policía Mel introdujo a sus detenidos en una celda, dedicándose a llenar el formulario de delitos contra la economía del estado revolucionario. Mientras eso sucedía dentro de la estación ya los hermanos y amigos de la familia Espinosa se estaban aglomerando fuera de la estación de policía. En ese momento llegaba el teniente en jefe al que confronta el hijo mayor de María explicándole lo que estaba sucediendo, el teniente para ganar tiempo les dijo que esperaran afuera ya que él aclararía la situación, encontrándose con Mel en la oficina principal que estaba muy contento y feliz por las actividades ilícitas que había descubierto presentándole la orden de aprensión de Titi y su madre la cual el teniente leyó rompiéndola al momento, gritándole a su policía predilecto:

—Tu eres un imbécil no vez que esto no tiene sentido, ordenando poner en libertad a los dos infelices presos inmediatamente los cuales se reunieron con su familia. El tenía que tomar una decisión para calmar al grupo de personas que estaba afuera del local pero no podía deshacerse de Mel ya que era una persona clave en su método de represión así que con mucha calma salió y dijo estas palabras:

— Aquí no ha pasado nada, yo he dado la orden de suspender a Mel por tres meses de servicio por el fallo que cometió pueden regresar a sus casas que todo ha sido un mal entendido.

Los Espinosas y sus amigos no le quedó más remedio que retirarse conteniendo su ira mientras el hermano mayor de Titi comentaba en voz muy baja:

— El teniente debería haber votado a Mel de la policía y además perdió la oportunidad de despedirse a si el mismo para que hubiese habido un destello de justicia.

PENSAMIENTOS

1_ Esas personas que por desgracias han nacidos con problemas mentales, los cuales se convierten en una carga social afectando la economía y la seguridad de nuestra nación, las debemos ayudar con una óptima atención médica para que sean útil a nuestra sociedad. Nunca debemos olvidarlos porque si lo hacemos estaremos viviendo junto a ellos con el miedo y la incertidumbre de esos enajenados se pueden convertir en los líderes de nuestros pueblos.

2_ Estaba el filósofo sentado sobre la piedra de la sabiduría esperando que sucediera un hecho importante para realizar un profundo análisis. Cuando pasó sobre él un hermoso pájaro volando muy rápido y lanzo sus excrementos al vacío los cuales describiendo una parábola en el espacio se depositaron irrespetuosamente en la cabeza del sabio, al tocarla se dio cuenta que era mierda y dijo estas palabras:

"No importa quién seas ni donde estés tienes que andar en este mundo con extremo cuidado, ya que es muy fácil embarrase de mierda y nunca más estar limpio"

3_ Debería estar orgulloso de mi, debería porque soy una maquinaria perfecta, pienso, trabajo y como todo ser humano como y defeco. Digo debería porque solo tengo un defecto me sobra la conciencia...

4_ Yo se que existo por una sola razón, la de nunca estar conforme.

5_ Por mi lado paso el automóvil perfecto, manejado por el imbécil perfecto, así ha avanzado la ciencia.

6_ En la vida moderna la televisión se ha hecho imprescindible que gran invento de la sabiduría humana sin ella habría un gran vacío en nuestras vidas con ella la vida se ha convertido en un vacío infinito en el fondo de la pantalla.

7_ Existe dos clases de mentira:
La mentira pura, si es que se puede llamar pura.
La mentira piadosa, si es que se puede llamar piadosa.
Y en esa dualidad surge la pregunta:
¿Puede haber engaños puros o piadosos?

8_ Cuando aprendemos de la historia debemos tener extremo cuidado, ya que no debemos obviar que lo que estamos leyendo ha sido y será el legado de los vencedores ya que los vencidos por lo general perdieron el derecho de relatar lo hechos bajos sus punto de vista. Qué triste conclusión hasta la historia que debe ser la fuente de nuestro saber puede estar plagada de las mentiras de los vencedores.

9_ En la vida siempre estamos buscando la verdad absoluta mientras no somos capaces de encontrar la verdad simple aunque esté al alcance de nuestras narices.

10_ Los estúpidos son estúpidos porque no piensan, los inteligentes son inteligentes porque piensan, pero existe un término medio estúpido-inteligente o inteligente-estúpido, estos son los que más abundan, el que más peso socio-económico tiene que puede estar en una clasificación y cambiar a la otra a una velocidad impensable. Mientras estos grupos existan y controlen el poder estaremos buscando un balance que niega la realidad en la que vivimos.

11_ A los pobres, la pobreza siempre los ha unido en la lucha por la riqueza, cuando han alcanzado su objetivo la riqueza los a desunido.
A los ricos, su riqueza siempre los ha unido y cuando aspiran a más su riqueza los ha desunido. Es la misma regla el mismo comportamiento.
Aquellos que no son ni pobres ni rico luchan en guerras, buscan conflictos participando a su discreción en cualquier grupo, si saber que en esas guerras o conflictos ellos siempre serán los perdedores porque nunca serán miembros creíbles para ninguno de los grupos.

12_ Ser subdesarrollado implica una comparación y en esa comparación volcamos nuestras frustraciones. Parte de nuestro subdesarrollo es que esperamos que los desarrollados nos ayuden a superar este estado desinteresadamente en el cual estamos por nuestros errores y nuestras propias limitaciones. Que equivocado es nuestro pensar cuando somos subdesarrollados con el beneplácito de los desarrollados.

13_ Yo estoy seguro que los perros ladran, que los peces nadan, que las aves vuelan, pero lo que no sé es si algunos de ellos piensan. Yo también estoy seguro que los hombres vivimos pero lo que no sé es si algunos piensan.

14_ Para qué queremos gobiernos creciendo cada día más como gusanos hambrientos; para que queremos tantos gobernantes si nuestra hambre es una sola. Presidentes, militares, políticos; todos viviendo de nuestra sangre en un festín constante, a la basura con todo eso, no los necesitamos, lo que necesitamos es ser libres con o sin gobierno para que el hambre no se coma a nuestro pueblo.

15_ Un sabio escribió un libro el cual solamente él entendía pero ese libro lo encumbro en la fama, impartía conferencias, daba seminarios, recibió varios títulos de diferentes universidades por su aporte a la intelectualidad. Se sintió avergonzado de sí mismo y escribió un segundo libro para que los intelectuales y no intelectuales lo entendieran, fue duramente criticado por lo absurdo de su contenido y lo desterraron al olvido literario como pasan los pájaros sin nido.

16_ La política es una antigua ciencia que ha jugado un papel muy importante en el desarrollo social de nuestros pueblos. Se crearon reyes, emperadores, zares, caciques y califas por mentar algunos títulos, todos ellos en su momento fueron sostenidos por la clase dominante. Como en nuestros países debido al desarrollo se ha cambiado el concepto de libertad ahora esos gobernantes tienen un nuevo título desconocido para ellos pero aceptados por sus gobernados ahora son dictadores de izquierda o de derecha sostenidos por la clase dominante la cual casi se ha mantenido intacta atreves de los siglos.

17_ Todos temblamos ante una guerra mundial con armas atómicas y para minimizar nuestro miedo apoyamos todas las pequeñas guerras sin armas atómicas.

18_ No, no es que seamos cobardes ante los problemas de la humanidad es que nunca hemos sido valientes.

19_ En este siglo muchos animales se han convertidos en casi personas y muchas personas han continuado siendo animales.

20_ La guerra está más próxima de lo que pensamos por tal razón estamos preparados con armas nucleares, armas químicas, cohetes, satélites y otras más sofisticadas que tenemos en nuestros almacenes militares que nos llevara al triunfo total. Así hablaba un general derrotado a su ejército antes de empezar el combate ya que todas sus armas por muy sofisticada que estaban fueron insuficientes para vencer al más débil de sus enemigos, era imposible vencer con ese armamento tan perfecto el hambre de los pueblos.

20_ Aquel pobre hombre viviendo una situación física-mental extremadamente anormal se sintió enfermo y sin perder tiempo fue a ver a un medico el cual le diagnostico una hernia mental. El doctor le dijo que su caso es muy común en estos tiempo pero para su tranquilidad es muy fácil de curar sin ningún tipo de complicación ya que no tiene que tomar medicinas y menos pasar por el cuarto de cirugía solamente debe seguir al pie de la letra todas las corriente sociales, políticas y religiosas de su entorno y por ningún motivo y bajo ninguna circunstancia tratar de pensar y en un periodo de corto tiempo volvería a ser normal.

www.ingramcontent.com/pod-product-compliance
Lightning Source LLC
Chambersburg PA
CBHW032116090426
42743CB00007B/375
* 9 7 8 0 6 9 2 0 8 1 9 0 7 *